Claudia Verginia Dametto Joaquim
Milton Sgambatti Júnior

Álgebra
Caderno de Atividades
9º ano
volume 2

Editora Policarpo

Coleção Vestibulares

Matemática nos Vestibulares – vol. 2, 3 e 4
História nos Vestibulares – vol. 2 e 3
Química nos Vestibulares – vol. 2 e 3
Geografia nos Vestibulares – vol. 1

Coleção Exercícios de Matemática

Volume 1: Revisão de 1º Grau
Volume 2: Funções e Logaritmos
Volume 3: Progressões Aritméticas e Geométricas
Volume 4: Análise Combinatória e Probabilidades
Volume 5: Matrizes, Determinantes e Sistemas Lineares
Volume 6: Geometria Plana

Caderno de Atividades

Números Complexos
Polinômios e Equações Algébricas
Trigonometria – vol. 1 e 2
Geometria Espacial – vol. 1, 2 e 3
Geometria Analítica – vol. 1 e 2
Matemática – 6º ano – vol. 1 e 2
Matemática – 7º ano – vol. 1 e 2
Álgebra – 8º ano – vol. 1 e 2
Álgebra – 9º ano – vol. 1 e 2
Geometria Plana – 8º ano
Geometria Plana – 9º ano
Desenho Geométrico – 8º ano
Desenho Geométrico – 9º ano

Digitação, Diagramação e Desenhos: *Sueli Cardoso dos Santos*
Capa: *André Rebelo*
Atendimento: *Alexandre Grilo*

Dados Internacionais de Catalogação, na Publicação (CIP)
(Câmara Brasileira do Livro, SP, Brasil)

Joaquim, Claudia Verginia Dametto. Sgambatti, Milton Júnior.

Álgebra - Matémática / Claudia Verginia Dametto Joaquim, Milton Sgambatti Júnior. - São Paulo: Editora Policarpo, 5. ed. 2015.

1. Matemática 2. Álgebra 3. Ensino fundamental I. Joaquim, Claudia Verginia Dametto II. Sgambatti, Milton Júnior. III. Título.

Índices para catálogo sistemático:

Todos os direitos reservados à:
EDITORA POLICARPO LTDA
Rua Dr. Rafael de Barros, 175 - Ap. 01- São Paulo - SP - CEP: 04003-041
Tel./Fax: (11) 3288-0895
Tel.: (11) 3284-8916

Cole aqui
sua etiqueta

Horários dos plantões

dia da semana	horário	sala	professor

Horários dos atendimentos

dia da semana	horário	sala	professor

Cronograma de auto estudo

data	assunto	tarefa	observações

Verificação da apostila

data	observações	visto

Índice

Equações Irracionais 1

Equações Irracionais Literais 20

Sistemas de Equações 26

Sistema do 1º grau 28

Sistemas Literais de Equações do 1º grau 42

Sistemas de grau superior ao primeiro 50

Problemas Gerais 70

Sistemas Gerais de Equações 78

Relações e Funções 86

I – Produto Cartesiano 86

II – Representação gráfica do produto cartesiano. 86

Relações 90

Funções 94

Domínio, Imagem e Contra-domínio de uma função. 100

Funções Constante 108

Função do 1º grau 110

Representação Gráfica da função do 1º grau 112

Inequações do 1º grau 122

Função do 2º grau 127

Valor Númerico de uma função 131

Forma Fatorada da função do 2º grau 133

Representação gráfica da função do 2º grau. 139

Características gráficas da função do 2º grau 143

Domínio e Imagem da função do 2º grau 146

Inequações do 2º grau 153

Testes de Vestibular 176

Questões de Vestibular 184

Gabarito 186

Bibliografia 204

Equações Irracionais

Equação irracional é aquela em que pelo menos um dos membros é uma expressão algébrica irracional ou seja, pelo menos uma das variáveis deve estar " dentro" de um radical.

Para resolvermos uma equação irracional temos como objetivo principal "retirar" de dentro dos radicais todos as incógnitas (variáveis) para assim podermos resolver a equação resultante.

Para retirarmos as incógnitas dos radicais devemos elevar ambos os membros da equação a um expoente, de acordo com o índice dos radicais.

Antes de elevarmos ambos os membros da equação em questão a este expoente, devemos isolar um ou dois radicais num membro, e os demais termos deixamos no outro membro.

IMPORTANTE: Quando um ou mais radicais de uma equação irracional tiverem índice par devemos **obrigatoriamente** verificar se os valores encontrados como solução da equação são realmente soluções da equação original.

Exemplo 1: $\sqrt{2x + 1} = 5$ verificação: $\sqrt{2x + 1} = 5$

$$S =$$

Exemplo 2: $\sqrt{2x + 3} + x = 6$ verificação:

$\sqrt{2x + 3} + x = 6$ $\sqrt{2x + 3} + x = 6$
p/x =   p/x =

$$S =$$

Exemplo 3: $\sqrt[3]{2x - 15} = 3$

1. Resolva as equações a seguir em IR.

a) $\sqrt{x} = 2$

b) $\sqrt{x+3} = 7$

c) $\sqrt{2+x} = 3$

d) $\sqrt{3x+10} = 4$

e) $\sqrt{3x-5} + 4 = 5$

f) $\sqrt{x^2 - 7x + 7} = \sqrt{14 - x}$

g) $2x - 5 = \sqrt{3x^2 - 8x - 10}$

h) $7 - \sqrt{x^2 - 11x + 4} = x$

i) $8 - \sqrt{x^2 - 15x + 50} = x$

j) $8 + \sqrt{(x - 10)(x - 5)} = x$

2. Resolva as equações a seguir em IR.

a) $\sqrt[3]{3x - 4} = 2$

b) $\sqrt{x^2 + x + 3} = 3$

c) $\sqrt{1 + \sqrt{2x + 1}} = 2$

d) $\sqrt{5 + \sqrt{3x + 1}} = 1$

e) $\sqrt[3]{\sqrt{2x^2+7}+x}=2$

f) $\sqrt{x+5}+1=x$

g) $\sqrt{x^2+3\sqrt{x+5}}-1=x$

h) $\sqrt{1+x\sqrt{x^2+24}}=x+1$

i) $\sqrt[4]{17-x^2} = 2$

3. Resolva cada equação irracional a seguir sendo U = IR.

a) $\sqrt[3]{\sqrt{x+3}+6} = 2$

b) $\sqrt{x+8+2\sqrt{x-8}} = 4$

c) $\sqrt{\sqrt{6x-2x-1}} = \sqrt{x}$

d) $\sqrt{x+5} = \sqrt{x} + 1$

e) $\sqrt{2x+11} - \sqrt{x-4} = 3$

4. Resolva em IR.

a) $\sqrt{2x+1} + \sqrt{x-3} = 4$

b) $\sqrt{x^2+2x+13} - \sqrt{x^2+2x+6} = 1$

c) $\sqrt{x+1} - 1 = \sqrt{x - \sqrt{x+8}}$

d) $\sqrt{2x+1} + \sqrt{x-3} = 2\sqrt{x}$

e) $\sqrt{3x-2} = 2\sqrt{x+2} - 2$

5. Resolva as equações irracionais a seguir, sendo U = IR.

a) $\dfrac{7\sqrt{x}}{3 + 3\sqrt{x}} = 2$

b) $\dfrac{5}{2\sqrt{x} - 7} = \dfrac{3}{\sqrt{x}}$

c) $\dfrac{12}{\sqrt{2x-3}} - \sqrt{2x-3} = \dfrac{9+x}{\sqrt{2x-3}}$

d) $\dfrac{5 + \sqrt{x}}{5 - \sqrt{x}} = 4$

e) $\dfrac{8 - \sqrt{x}}{9 + \sqrt{x}} = \dfrac{4}{9}$

6. Resolva as equações sendo U = IR.

a) $\sqrt[3]{x + 1} + \sqrt[3]{2x - 3} = \sqrt[3]{3x - 2}$

b) $\dfrac{x - \sqrt{x+1}}{x + \sqrt{x+1}} = \dfrac{5}{11}$

c) $\dfrac{\sqrt{5x-4} + \sqrt{5-x}}{\sqrt{5x-4} - \sqrt{5-x}} = \dfrac{\sqrt{4x}+1}{2\sqrt{x}-1}$

d) $\sqrt{2x+1} + \dfrac{7}{\sqrt{2x+1}} = \dfrac{8}{\sqrt{2x+1}}$

7. Resolva em IR:

a) $\sqrt{x+6} + \sqrt{x-3} = 9$

b) $\dfrac{\sqrt{6x}-4}{3} = \dfrac{12}{\sqrt{6x}+4}$

c) $\sqrt{14+x} + \sqrt{2x+5} = 1$

d) $\sqrt{14+x} - \sqrt{2x+5} = 1$

e) $\dfrac{1+2\sqrt{3x-5}}{1+3\sqrt{3x-5}} = \dfrac{11+2\sqrt{3x-5}}{11+5\sqrt{3x-5}}$

8. Resolva as equações irracionais a seguir em IR.

a) $\sqrt{5x^2-2x} = \dfrac{5x^2-x-1}{\sqrt{5x^2-2x}}$

b) $\sqrt{x+6} + \sqrt{x+1} = \sqrt{7x+4}$

c) $\sqrt[3]{8-7x} + x = 2$

d) $\sqrt{x-5} + 2 = \sqrt{2x-2}$

e) $\dfrac{10x}{\sqrt{10x-9}} - \sqrt{10x-9} = \dfrac{x}{\sqrt{10x-9}}$

9. Resolva a equação irracional em IR:

$$\frac{1}{x+\sqrt{x^2+5}} + \frac{1}{x-\sqrt{x^2+5}} = \frac{x^2}{5}$$

10. Resolva em IR a equação $3\sqrt{1+x} - 2\sqrt[4]{1+x} = 8$

11. Resolva em IR: $\dfrac{\sqrt{x^2-16}}{\sqrt{x-3}} + \sqrt{x+3} = \dfrac{7}{\sqrt{x-3}}$

12. Resolva em IR: $\dfrac{3}{x + \sqrt{5 - x^2}} + \dfrac{3}{x - \sqrt{5 - x^2}} = 4$

13. Resolver a equação em IR:
$x^2 + 2x - \sqrt{x^2 + 2x + 6} = \sqrt{x^2 + 2x + 6} - 3$

14. Resolva em IR: $\sqrt[3]{\dfrac{\sqrt{x+2}-\sqrt{x-3}}{\sqrt{2x+5}}}=1$

15. Resolver a equação: $\sqrt[3]{\dfrac{5+x}{4-x}}+\sqrt[3]{\dfrac{4-x}{5+x}}=\dfrac{5}{2}$

16. Resolva a equação: $\sqrt{x-25} + \sqrt{x+2} = \sqrt{x-9} + \sqrt{x-18}$

17. Resolva a equação em IR: $x^2 + 1 + \sqrt{x^2+1} = 6$

18. Resolva em IR: $\dfrac{\sqrt{x^3+2x} + \sqrt{2x}}{\sqrt{x^3+2x} - \sqrt{2x}} = 2$

19. Resolva: $\sqrt[3]{15 + 2x} + \sqrt[3]{12 - 2x} = 3$

20. Resolva em IR a equação irracional abaixo:

$$\sqrt{x^4 + 1 + \sqrt{4x^4 + \sqrt{x^2 + 3x - 2}}} = x^2 + 1$$

21. Resolva em IR a equação abaixo:

$\sqrt{x^3} + 8\sqrt{x} - 9x = 0$

Equações Irracionais Literais

Algumas equações irracionais podem ser literais e portanto além da *tradicional* verificação das raízes, estas podem precisar de uma **condição de existência** para que possam fazer parte do conjunto solução.

Observe a resolução da equação irracional literal a seguir:

Resolva em IR a equação a seguir, sendo a, b ∈ IR_+ :

$$(\sqrt{a-x} + \sqrt{x-b})^2 = (\sqrt{a-b})^2$$

$$(\sqrt{a-x})^2 + 2.\sqrt{a-x}.\sqrt{x-b} + (\sqrt{x-b})^2 = a-b$$

$$a - x + 2.\sqrt{(a-x)(x-b)} + x - b = a - b$$

$$2\sqrt{(a-x)(x-b)} + a - b = a - b$$

$$2\sqrt{(a-x)(x-b)} = 0$$

$$\left(2\sqrt{(a-x)(x-b)}\right)^2 = 0^2$$

$$4(a-x)(x-b) = 0$$

a − x = 0   ou   x − b = 0

x = a   x = b

Verificação

p/ x = a : $\sqrt{a-x} + \sqrt{x-b} = \sqrt{a-b}$ p/ x = b: $\sqrt{a-x} + \sqrt{x-b} = \sqrt{a-b}$

$\sqrt{a-a} + \sqrt{a-b} = \sqrt{a-b}$ $\sqrt{a-b} + \sqrt{b-b} = \sqrt{a-b}$

$\sqrt{a-b} = \sqrt{a-b}$ $\sqrt{a-b} = \sqrt{a-b}$

Observe que ambas as raízes são verdadeiras, mas como temos $\sqrt{a-b}$ e a ≥ 0 e b ≥ 0, devemos ter obrigatoriamente a − b ≥ 0 ⇒ a ≥ b

Assim:

$$S = \{x \in IR / x = a \text{ ou } x = b \text{ e } a \geq b\}$$

Tente você agora

$$\sqrt{2x - 3a} + \sqrt{3x + 3a} = \sqrt{10x - 3a}$$

22. Resolva em IR a equação irracional na incógnita x, sendo a > 0.

$$\sqrt[4]{x + a^2} = \sqrt{\dfrac{x}{a} - a}$$

23. Resolva sendo U = IR e a ≠ − b a equação na incógnita x:

$$x^2 + \sqrt{b^2 - x^2} = a + b$$

24. Resolva em IR, com a ≥ 0 a equação na incógnita x.

$$2\sqrt{x-a} + 3\sqrt{2x} = \frac{7a+5x}{\sqrt{x-a}}$$

25. Resolva em IR a equação irracional na incógnita x, sendo a ≥ 0.

$$\sqrt{2x-3a} + \sqrt{3x+3a} = \sqrt{10x-3a}$$

26. Resolva, a equação na incógnita x, com a $\geq -b$ e U = IR.

$$\sqrt{a-x} + \sqrt{b+x} = \sqrt{a+b}$$

27. Resolva em IR a equação na incógnita x.

$$\sqrt{a+x} - \sqrt[3]{a+x} = 0$$

28. Resolva a equação irracional literal na incógnita x com a ≥ 0.

$$\sqrt{x} + \sqrt{a - \sqrt{ax + x^2}} = \sqrt{a}$$

29. Resolva a equação na incógnita x, com b ≠ 0 e U = IR.

$$\sqrt{x + a^2} - \sqrt{x} = b$$

30. Resolva a equação na incógnita x, sendo a ≥ 0.

$$\frac{\sqrt{a} + \sqrt{b-x}}{\sqrt{a} - \sqrt{b-x}} = 7$$

31. Resolva na incógnita x a equação irracional abaixo, onde $a \neq \pm b$, $c \neq \pm d$ e $bc \neq ad$.

$$\frac{a + b\sqrt{x}}{a\sqrt{x} + b} = \frac{c + d\sqrt{x}}{c\sqrt{x} + d}$$

Sistemas de Equações

Duas ou mais equações são simultâneas quando são satisfeitas para iguais valores de suas incógnitas.

Assim as equações $\begin{cases} x + y = 5 \\ x - y = 1 \end{cases}$ são simultâneas porque x = 3 e y = 2 satisfazem **ambas** as equações.

Sistemas de equações é a reunião de duas ou mais equações com duas ou mais incógnitas que devem ser simultâneas.

Encontrar a solução de um sistema de equações consiste em determinar valores para as incógnitas que satisfaçam a todas as equações do sistema ao mesmo tempo.

Vamos nos concentrar em encontrar a solução dos sistemas de equações e não em discuti-los.

Observe a resolução destes três sistemas de equações abaixo:

Exemplo 1: $\begin{cases} x - 2y = 2 \\ 3x + y = 13 \end{cases}$

Multiplicando a 2ª equação por 2:

$\begin{cases} x - 2y = 2 \\ \underline{6x + 2y = 26} \end{cases}$

Somando membro a membro:

7x = 28

x = $\frac{28}{7}$

x = 4   Substituindo o valor de x na 2ª equação:

3x + y = 13
3.4 + y = 13
12 + y = 13

y = 1

S = {(x, y) = (4, 1)}   A resposta que vai para o conjunto solução normalmente é colocada num par de valores ordenados, indicamos no 1º par a ordem em que estarão as soluções apresentadas no 2º par.

Exemplo 2: $\begin{cases} 3x - y = 5 \\ 6x - 2y = 10 \end{cases}$ x(– 2)

$\begin{cases} -6x + 2y = -10 \\ \underline{6x - 2y = 10} \\ 0 = 0 \end{cases}$ Como ambas as incógnitas foram canceladas e o que sobrou (0 = 0) é

verdadeiro temos um sistema possível porém indeterminado, cuja solução deverá ser apresentada em função de um valor literal (por exemplo ***a***) escolhido para x. Na primeira equação teremos:

p/x = a: 3x – y = 5
3a – y = 5
y = 3a – 5

S = {(x, y) = (a, 3a – 5)}

Exemplo 3: $\begin{cases} 2x + y = 6 \quad \times(-2) \\ 4x + 2y = 11 \end{cases}$

$\begin{cases} -4x - 2y = -12 \\ \underline{4x + 2y = 11} \\ 0 = -1 \end{cases}$

S = ∅

Como ambas as incógnitas foram canceladas e o que sobrou (0 = − 1) não é verdadeiro temos um sistema impossível cuja solução será vazia.

Vamos agora fazer um resumo muito importante classificando os sistemas de equações que estão resolvidos nos exemplos 1, 2 e 3.

Se o sistema tiver solução específica e possível de ser determinada, como no exemplo 1, teremos um ***sistema possível e determinado*** com solução única.

Se o sistema tiver solução, mas esta for geral, ou seja, a solução do sistema não pode ser encontrada com facilidade como no exemplo 2 e precisa ser literal, teremos um ***sistema possível e indeterminado*** com solução geral admitindo infinitos grupos que podem satisfazer o sistema.

Se o sistema não tiver solução, como no exemplo 3, teremos um ***sistema impossível*** que terá solução vazia.

Resumindo:

SPD → se o sistema tiver solução única e possível de ser determinada.

SPI → se o sistema tiver solução, mas esta for geral, e tiver que ser indicada de modo literal.

SI → se o sistema não tiver solução.

Sistemas do 1º grau

O grau de um sistema é determinado pela multiplicação do grau das equações que o compõe.

Os sistemas de 1º grau são *sempre* compostos de equações de 1º grau, este tipo de sistema também é chamado de sistema linear.

32. Resolva os sistema a seguir, classificando-os em seguida.

a) $\begin{cases} 3x + 4y = 0 \\ x - 2y = 3 \end{cases}$

b) $\begin{cases} m = 3n - 1 \\ m - 2n = 3 \end{cases}$

c) $\begin{cases} 3x + 6y = 15 \\ 2x + 4y = 10 \end{cases}$

d) $\begin{cases} x - 2y = 1 \\ 2x - 4y = 3 \end{cases}$

33. Resolva os sistemas a seguir, classificando-os em seguida:

a) $\begin{cases} 2(x + y) + 3x + 2(y - 4x) = 3y - x - 2 \\ 2(-y + 3x) - 5 - 3(y - 4x) = 3x \end{cases}$

b) $\begin{cases} 3(2x - y) + 6(x - 1) - 3y = 3(8 + 3x) \\ 2(x + 1) + 3(2x - 5) + 2y + 5(3x + 1) = 2(2x + 1) \end{cases}$

c) $\begin{cases} \dfrac{2x + y}{5} - \dfrac{x + y}{3} = \dfrac{x + 1}{2} - \dfrac{3 - y}{3} \\ \dfrac{y - x}{3} + \dfrac{x + y + 1}{2} = \dfrac{2x + 3y + 6}{5} \end{cases}$

d) $\begin{cases} \dfrac{4x+y}{2} - \dfrac{5x-1}{3} = \dfrac{4y+5}{6} \\ \dfrac{3x+1}{2} - \dfrac{2y+5}{5} + \dfrac{y-4x}{4} = \dfrac{x-1}{5} \end{cases}$

e) $\begin{cases} \dfrac{4x-2}{3} + \dfrac{x-y+2}{2} = \dfrac{x-y}{6} + \dfrac{2}{3} \\ \dfrac{3(x-y+2)}{2} + \dfrac{5(x-1)}{4} + 4y - 8x = \dfrac{y}{4} + \dfrac{4-x}{2} \end{cases}$

34. Resolva os sistemas, classificando-os no final de acordo com o conjunto solução:

a) $\begin{cases} 3(2x + y) - 2(y - x) = -4(y + 7) \\ 3(2y + 3x) - 20 = -53 \end{cases}$

b) $\begin{cases} 3x - (4y + 6) = 2y - (x + 18) \\ 2x - 3 = x - y + 4 \end{cases}$

c) $\begin{cases} x + 3y = 3 \\ 3x + 4y = -1 \end{cases}$

d) $\begin{cases} 4x - 6y = 2 \\ 6x - 9y = 3 \end{cases}$

e) $\begin{cases} 3x - y = 6 \\ 6x - 2y = 9 \end{cases}$

35. Resolva os sistemas a seguir:

a) $\begin{cases} \dfrac{x+y}{3} - \dfrac{x-y}{4} = 7 \\ \dfrac{1}{1-x} = \dfrac{1}{1+y} \end{cases}$

b) $\begin{cases} \dfrac{x}{10} - \dfrac{y}{5} = 0 \\ 5x + 10y = 200 \end{cases}$

c) $\begin{cases} x - \dfrac{3x+4}{7} = \dfrac{y+2}{3} \\ 2y - \dfrac{5x+4}{11} = \dfrac{x+24}{2} \end{cases}$

d) $\begin{cases} 12(x+2y) - 8(2x+y) = 2(5x-6y) \\ 20(x-4y) = -10 \end{cases}$

e) $\begin{cases} 3x - 4y = 2 \\ 6x - 8y = 5 \end{cases}$

36. Classifique os sistemas a seguir dados seu conjunto solução em
   Sistema Possível e Determinado (SPD)
   Sistema Possível e Indetermiando (SPI)
   Sistema Impossível (SI)

a) $\begin{cases} x - 2y = 2 \\ 3x + y = 13 \end{cases}$ $S = \{(x, y) = (4, 1)\}$

b) $\begin{cases} 2x - y = 8 \\ x - 3y = -3 \end{cases}$ $S = \{(x, y) = (3, -2)\}$

c) $\begin{cases} 2x - 3y = 3 \\ -2x + 3y = -3 \end{cases}$ $S = \left\{(x,y) = \left(\alpha, \dfrac{2\alpha - 3}{3}\right)\right\}$

d) $\begin{cases} x + 2y = 8 \\ 2x + 4y = 14 \end{cases}$ $S = \emptyset$

e) $\begin{cases} 2x + y = 1 \\ x + 2y = 8 \end{cases}$ $S = \{(x, y) = (-2, 5)\}$

f) $\begin{cases} 4x + 6y = 5 \\ 6x + 9y = 10 \end{cases}$ $S = \emptyset$

g) $\begin{cases} x + y = 4 \\ 2x + 2y = 8 \end{cases}$ $S = \{(x, y) = (4 - a, a)\}$

h) $\begin{cases} 10x + 9y = 8 \\ 8x - 15y = -1 \end{cases}$ $S = \left\{(x,y) = \left(\dfrac{1}{2}, \dfrac{1}{3}\right)\right\}$

i) $\begin{cases} 3x + 3y = 12 \\ 5x + 5y = 20 \end{cases}$ $S = \{(x, y) = (4 - b, b)\}$

37. Classifique os sistemas a seguir. Não é necessário encontrar seu conjunto solução.

a) $\begin{cases} 3x - 2y = 5 \\ 6x - 4y = 10 \end{cases}$

b) $\begin{cases} 4x + 2y = 3 \\ 6x + 3y = 7 \end{cases}$

c) $\begin{cases} 3x + 3y = 7 \\ x - y = 5 \end{cases}$

d) $\begin{cases} 4x + 2y = 5 \\ 8x + 4y = 12 \end{cases}$

e) $\begin{cases} 4x + 2y = 8 \\ 6x + 3y = 12 \end{cases}$

38. Resolva os sistemas abaixo:

a) $\begin{cases} \dfrac{x-3}{3} - \dfrac{y-4}{4} = 0 \\ \dfrac{x-4}{2} + \dfrac{y+2}{5} = 3 \end{cases}$

b) $\begin{cases} \dfrac{x-2y}{4} = 3 \\ \dfrac{x+y}{3} = x - 9 \end{cases}$

c) $\begin{cases} (x + 5)(y + 7) = (x + 1)(y - 9) + 112 \\ 2x + 10 = 3y + 1 \end{cases}$

d) $\begin{cases} \dfrac{2x}{3} + 5y = 23 \\ 5x + \dfrac{7y}{4} = \dfrac{-25}{4} \end{cases}$

e) $\begin{cases} \dfrac{x + 1}{10} = \dfrac{y - 4}{5} \\ \dfrac{x - 4}{5} = \dfrac{y - 2}{10} \end{cases}$

39. Resolva os sistemas:

a) $\begin{cases} \dfrac{x+y}{x-y} = -7 \\ \dfrac{x+y+1}{x+y-1} = \dfrac{3}{4} \end{cases}$

b) $\begin{cases} \dfrac{x-2}{x+2} = \dfrac{y-7}{y-5} \\ \dfrac{x+1}{x-1} = \dfrac{y-3}{y-5} \end{cases}$

c) $\begin{cases} \dfrac{x-1}{2} - \dfrac{y-1}{3} = -\dfrac{13}{36} \\ \dfrac{x+1}{3} - \dfrac{y+1}{2} = -\dfrac{2}{3} \end{cases}$

d) $\begin{cases} \dfrac{x+y}{x-y} = -\dfrac{2}{7} \\ \dfrac{8x+y-1}{x-y-2} = 2 \end{cases}$

40. Resolver os sistemas:

a) $\begin{cases} \dfrac{1}{x} + \dfrac{2}{y} = \dfrac{7}{6} \\ \dfrac{2}{x} + \dfrac{1}{y} = \dfrac{4}{3} \end{cases}$

b) $\begin{cases} \dfrac{3}{x} - \dfrac{2}{y} = \dfrac{1}{2} \\ \dfrac{2}{x} + \dfrac{5}{y} = \dfrac{23}{12} \end{cases}$

c) $\begin{cases} \dfrac{5}{x} + \dfrac{4}{y} = 7 \\ \dfrac{7}{x} - \dfrac{6}{y} = 4 \end{cases}$

d) $\begin{cases} \dfrac{9}{x} + \dfrac{3}{y} = 27 \\ \dfrac{5}{x} + \dfrac{4}{y} = 22 \end{cases}$

e) $\begin{cases} \dfrac{12}{x} + \dfrac{5}{y} = -\dfrac{13}{2} \\ \dfrac{18}{x} + \dfrac{7}{y} = -\dfrac{19}{2} \end{cases}$

41. Resolva em IR:

a) $\begin{cases} \dfrac{6}{x} - \dfrac{8}{y} = -23 \\ \dfrac{4}{x} + \dfrac{11}{y} = 50 \end{cases}$

b) $\begin{cases} \dfrac{10}{x} + \dfrac{9}{y} = 2 \\ \dfrac{7}{x} - \dfrac{6}{y} = \dfrac{11}{2} \end{cases}$

c) $\begin{cases} \dfrac{2}{5x} - \dfrac{1}{3y} = -\dfrac{11}{45} \\ \dfrac{1}{10x} - \dfrac{3}{5y} = \dfrac{4}{5} \end{cases}$

42. Resolva em IR:

a) $\begin{cases} \dfrac{3}{x} - \dfrac{7}{3y} = \dfrac{2}{3} \\ \dfrac{1}{4x} + \dfrac{8}{y} = \dfrac{103}{84} \end{cases}$

b) $\begin{cases} \dfrac{9}{x} + \dfrac{10}{y} = -11 \\ \dfrac{7}{x} - \dfrac{15}{y} = -4 \end{cases}$

c) $\begin{cases} \dfrac{1}{2x} - \dfrac{3}{y} = \dfrac{3}{4} \\ \dfrac{1}{x} + \dfrac{5}{2y} = -\dfrac{4}{3} \end{cases}$

Sistemas Literais de Equações do 1º grau

Lembre-se num sistema de equações procuramos uma solução que sirva para todas as equações envolvidas e se o sistema for composto de equações literais é possível que seja necessário apresentar condições de existência para as raízes encontradas.

Observe a resolução do sistema de equações literais do 1º grau.

Exemplo: $\begin{cases} ax + by = a^2 + b^2 \\ bx + ay = 2ab \end{cases}$

Multiplicando a 1ª equação por b e a 2ª equação por $-a$, teremos:

$\begin{cases} \cancel{abx} + b^2y = a^2b + b^3 \\ -\cancel{abx} - a^2y = -2a^2b \end{cases}$

$(b^2 - a^2)y = a^2b - 2a^2b + b^3$
$(b^2 - a^2)y = b^3 - a^2b$
$(b^2 - a^2)y = b(b^2 - a^2)$

$y = \dfrac{b\cancel{(b^2-a^2)}}{\cancel{(b^2-a^2)}}$

$\boxed{y = b}$, com $b^2 \neq a^2 \quad \Rightarrow \quad b \neq \pm a$

Voltando na 2ª equação teremos:

$bx + ay = 2ab$
$bx + ab = 2ab$
$bx = ab$
$x = \dfrac{ab}{b}$

$\boxed{x = a}$, com $b \neq 0$

$S = \{(x, y) = (a, b), \text{ com } b \neq \pm a \text{ e } b \neq 0\}$

43. Resolva os sistemas a seguir, sendo U = IR.

a) $\begin{cases} x + y = a + b \\ x - y = a - b \end{cases}$

b) $\begin{cases} 2x + y = b + 2 \\ bx - y = 0 \end{cases}$

c) $\begin{cases} 2x - y = 3a \\ x - 2y = 0 \end{cases}$

d) $\begin{cases} x - y = 1 - a \\ x + y = 1 + a \end{cases}$

e) $\begin{cases} ax - by = 0 \\ x + y = \dfrac{a + b}{ab} \end{cases}$

44. Resolva o sistema, sendo U = IR: $\begin{cases} x + y = a \\ ax - by = a(a + b) + b^2 \end{cases}$

45. Resolva em IR, um dos sistemas abaixo:

a) $\begin{cases} x + y = a \\ x - y = b \end{cases}$

b) $\begin{cases} 2x + y = 6a + b \\ 3x - 2y = 2a + 5b \end{cases}$

c) $\begin{cases} ax + by = 2a^2 + ab - b^2 \\ bx - ay = 3ab - a^2 \end{cases}$

46. Resolva em IR, cada sistema literal a seguir:

a) $\begin{cases} mx - ny = m^2 + n^2 \\ nx + my = m^2 + n^2 \end{cases}$

b) $\begin{cases} x + y = a + b \\ ax + by = a^2 + b^2 \end{cases}$

c) $\begin{cases} x + y = 2c \\ a^2(x - y) = 2a^3 \end{cases}$

47. Resolva em IR: $\begin{cases} \dfrac{x}{a} + y = 2b \\ \dfrac{x}{b} - y = a - b \end{cases}$

48. Resolva em IR: $\begin{cases} (a-b)x - (a+b)y = b^2 - 3ab \\ (a+b)x - (a-b)y = ab - b^2 \end{cases}$

49. Resolva em IR: $\begin{cases} \dfrac{x}{b} + \dfrac{y}{a} = 2 \\ \dfrac{x}{a} + \dfrac{y}{b} = \dfrac{a^2 + b^2}{ab} \end{cases}$

50. Resolva em IR: $\begin{cases} \dfrac{x}{m} + \dfrac{y}{n} = 2m \\ mx - ny = m^3 - mn^2 \end{cases}$

51. Resolva o sistema em IR: $\begin{cases} \dfrac{1}{x} + \dfrac{1}{y} = a \\ \dfrac{1}{x} - \dfrac{1}{y} = b \end{cases}$

52. Resolva o sistema sendo U = IR: $\begin{cases} \dfrac{a}{x} + \dfrac{b}{y} = 2 \\ \dfrac{2}{x} - \dfrac{3b}{y} = \dfrac{2-3a}{a} \end{cases}$

53. Resolva em IR: $\begin{cases} \dfrac{2}{x} + \dfrac{2}{y} = \dfrac{m+n}{mn} \\ \dfrac{m}{x} - \dfrac{n}{y} = 0 \end{cases}$

Sistemas de grau superior ao primeiro

Chama-se *grau de um sistema* o produto dos graus das suas equações.

Exemplo: O sistema $\begin{cases} 6x^2 - xy = 8 \\ x^3 + 4y^2 = 7 \end{cases}$

É um sistema de grau 6, pois a 1ª equação tem grau 2 e a segunda equação tem grau 3, assim (2.3 = 6) o grau do sistema é 6.

O número de soluções deste tipo de sistema é no **máximo** igual ao seu grau.

Os métodos utilizados para resolução destes tipos de sistemas são dos mais variados. Vamos agora mostrar alguns exemplos de resolução para sistemas de grau superior ao primeiro.

Exemplo 1: $\begin{cases} 2x^2 - xy + y = 2 \\ 3x - y = 1 \end{cases}$ (Sistema do 2º grau resolvido por substituição).

A partir da 2ª equação teremos: $3x - y = 1 \Rightarrow y = 3x - 1$ (1)

Substituindo este valor de y (1) na 1ª equação teremos:

$2x^2 - xy + y = 2$ p/ $y = 3x - 1$:
$2x^2 - x(3x - 1) + 3x - 1 = 2$
$2x^2 - 3x^2 + x + 3x - 1 - 2 = 0$
$-x^2 + 4x - 3 = 0$
$x^2 - 4x + 3 = 0$
$(x - 3)(x - 1) = 0$
$x = 3$ ou $x = 1$

Voltamos agora em (1) para encontrar os pares (x, y) que serão solução deste sistema.

(1) $y = 3x - 1$

p/x = 3: $y = 3 \cdot 3 - 1$ p/x = 1: $y = 3.1 - 1$
           $y = 8$ $y = 2$
           (x, y) = (3, 8)   (x, y) = (1, 2)

Neste caso a solução do sistema será S = {(x, y) = (3, 8) ou (1, 2)}

Exemplo 2: $\begin{cases} x + y = 7 \\ xy = 12 \end{cases}$ (Sistema do 2º grau resolvido através de um artifício).

Observe que temos a soma e o produto de dois números (x e y) assim podemos escrever uma equação do 2º grau de incógnitas z em que $z^2 - Sz + P = 0$. Neste caso:

$z^2 - 7z + 12 = 0$
$(z - 4)(z - 3) = 0$
$z = 4$ ou $z = 3$

Permutando as soluções, pois neste caso não faz diferença qual das raízes será o x e qual será o y teremos soluções:

         (x, y) = (4, 3)   ou   (x, y) = (3, 4)
S =   {(x, y) = (4, 3)   ou   (3, 4)}

Observação: O sistema da página anterior também poderia ser resolvido por substituição isolando-se na 1º equação o y de onde teríamos $y = 7 - x$ e substituindo este valor de y na 2º equação.
$xy = 12 \Rightarrow x(7 - x) = 12 \Rightarrow 7x - x^2 = 12 \Rightarrow x^2 - 7x + 12 = 0$, onde teríamos a mesma equação a ser resolvida.

Exemplo 3: $\begin{cases} x^2 + y^2 = 25 \\ xy = 12 \end{cases}$ (Sistema do 4º grau resolvido por artifício de fatoração).

Da 1ª equação temos:
$$x^2 + y^2 = 25$$
$$x^2 + y^2 + 2xy = 25 + 2xy$$
$$x^2 + 2xy + y^2 = 25 + 2xy$$
$$(x + y)^2 = 25 + 2xy$$
$$(x + y)^2 - 2xy = 25$$

Substituindo $xy = 12$ (2ª equação) temos
$$(x + y)^2 - 2 \cdot 12 = 25$$
$$(x + y)^2 - 24 = 25$$
$$(x + y)^2 = 49$$
$$x + y = \pm\sqrt{49}$$
$$x + y = \pm 7 \quad \text{Assim teremos:}$$

$\begin{cases} x + y = 7 \Rightarrow y = 7 - x \\ xy = 12 \end{cases}$ ou $\begin{cases} x + y = -7 \Rightarrow y = -x - 7 \\ xy = 12 \end{cases}$

por substituição teremos:

$xy = 12$
$x(7 - x) = 12$
$7x - x^2 = 12$
$x^2 - 7x + 12 = 0$
$(x - 4)(x - 3) = 0$
$x = 4$ ou $x = 3$
se $\boxed{x = 4}$ teremos $y = 7 - x$
$\boxed{y = 3}$
se $\boxed{x = 3}$ teremos $y = 7 - x$
$\boxed{y = 4}$

por substituição teremos:

$xy = 12$
$x(-x - 7) = 12$
$-x^2 - 7x = 12$
$x^2 + 7x + 12 = 0$
$(x + 4)(x + 3) = 0$
$x = -4$ ou $x = -3$
se $\boxed{x = -4}$ teremos $y = -x - 7$
$\boxed{y = -3}$
se $\boxed{x = -3}$ teremos $y = -x - 7$
$\boxed{y = -4}$

Assim a solução deste sistema será:

$S = \{(x, y) = (4, 3) \text{ ou } (3, 4) \text{ ou } (-4, -3) \text{ ou } (-3, -4)\}$

Exemplo 4: $\begin{cases} x^3 + y^3 = 9 \\ x + y = 3 \end{cases}$ (Sistema do 3º grau resolvido por fatoração)

Fatorando-se o 1º membro: $\begin{cases} (x+y)(x^2 - xy + y^2) = 9 \\ x + y = 3 \end{cases}$

Dividindo-se membro a membro: $\dfrac{(x+y)(x^2 - xy + y^2)}{(x+y)} = \dfrac{9}{3}$

$$x^2 - xy + y^2 = 3 \qquad (1)$$

Substituindo em (1) y = 3 – x (da 2ª equação) teremos:

$x^2 - xy - y^2 = 9$
$x^2 - x(3-x) + (3-x)^2 = 9$
$x^2 - 3x + x^2 + 9 - 6x + x^2 = 9$
$3x^2 - 9x = 0$
$3x(x-3) = 0$
$x = 0 \quad$ ou $\quad x = 3 \qquad$ Assim:

se $\boxed{x = 0}$: y = 3 – x $\qquad$ se $\boxed{x = 3}$: y = 3 – x
$\qquad\qquad\boxed{y = 3}$ $\qquad\qquad\qquad\qquad\boxed{y = 0}$

S = {(x, y) = (0, 3) ou (3, 0)}

Observação: Este sistema embora do 3º grau só tem duas respostas.

54. Resolva os sistema a seguir identificando também o grau de cada um deles:

a) $\begin{cases} x + y = 15 \\ xy = 56 \end{cases}$

b) $\begin{cases} x = 7 + y \\ xy = 8 \end{cases}$

c) $\begin{cases} x + y = 16 \\ x^2 = 130 - y^2 \end{cases}$

55. Resolva cada um dos sistemas a seguir identificando também o grau de cada um deles.

a) $\begin{cases} x - 11 = y \\ x^2 = 481 - y^2 \end{cases}$

b) $\begin{cases} 3xy + 4 = 2y \\ 3x = 5 - y \end{cases}$

c) $\begin{cases} xy + 3 = y \\ x + 2y + 4 = 0 \end{cases}$

56. Resolva os sistemas, identificando também o grau de cada um deles.

a) $\begin{cases} 3x^2 + 1 = y^2 \\ 3x - 1 = -2y \end{cases}$

b) $\begin{cases} 4x + 11 = 5y \\ xy - 3 = 0 \end{cases}$

c) $\begin{cases} 4x^2 - y = xy \\ 2x = y \end{cases}$

57. Resolva os sistemas:

a) $\begin{cases} 3(x - 2)^2 + 32 = 2(y + 3)^2 \\ x - y = 1 \end{cases}$

b) $\begin{cases} 36x^2 + 36y^2 = 25 \\ 3xy = 1 \end{cases}$

c) $\begin{cases} x^3 - 2x^2y = 64 \\ x - 2y = 4 \end{cases}$

d) $\begin{cases} x^2 + y^2 - xy = 61 \\ x - y = 5 \end{cases}$

58. Resolva em IR.

a) $\begin{cases} 2xy - 3x + 2y = 2 \\ 2x + y = 1 \end{cases}$

b) $\begin{cases} 4x^4 + y^4 = 8 \\ 5x^4 - y^4 = 1 \end{cases}$

c) $\begin{cases} x(x + 2y) = -5 \\ y(x + y) = 6 \end{cases}$

d) $\begin{cases} 3x^2 - xy = 54 \\ xy = 27 \end{cases}$

59. Resolva os sistemas abaixo:

a) $\begin{cases} 2x + 3xy = 17 \\ 10 - 3xy = -y \end{cases}$

b) $\begin{cases} x^3 + y^3 = 124 \\ x^2 - xy + y^2 = 31 \end{cases}$

c) $\begin{cases} x^3 - y^3 = 341 \\ x - y = 11 \end{cases}$

d) $\begin{cases} x^4 - y^4 = 8 \\ x^2 - y^2 = 2 \end{cases}$

60. Resolva os sistema:

a) $\begin{cases} x^2y - y^3 = 6 \\ xy + y^2 = 6 \end{cases}$

b) $\begin{cases} x^3 + x^2y + xy^2 + y^3 = 41 \\ x^2 + y^2 = 41 \end{cases}$

c) $\begin{cases} (x + y)(8 - x) = 10 \\ (x + y)(5 - y) = 20 \end{cases}$

d) $\begin{cases} (x - 1)(y + 5) = 100 \\ (x - 2)(y + 6) = 99 \end{cases}$

61. Resolva cada um dos sistemas a seguir, sendo U = IR.

a) $\begin{cases} x^3 - y^3 = 279 \\ x^2 + xy + y^2 = 93 \end{cases}$

b) $\begin{cases} x^2 + y^2 - 5(x + y) = 8 \\ x^2 + y^2 - 3(x + y) = 28 \end{cases}$

c) $\begin{cases} 5xy - 3 = 3x + 3y \\ xy + 2x + 2y = 11 \end{cases}$

d) $\begin{cases} 400x^2 + 400y^2 = 689 \\ 2xy = 1 \end{cases}$

62. Resolva os sistemas a seguir:

a) $\begin{cases} 4x^2 - 9 = xy \\ xy = -5 \end{cases}$

b) $\begin{cases} 3x^2 = 13 - y^2 \\ xy = 2 \end{cases}$

c) $\begin{cases} x + y = -2 \\ xy = -15 \end{cases}$

d) $\begin{cases} 2y + 3x = 2xy \\ 5x - 2y = 4 \end{cases}$

63. Resolva os sistemas:

a) $\begin{cases} x^2 + y^2 = 13 \\ xy = 6 \end{cases}$

b) $\begin{cases} x^2 - 21 = -xy \\ y^2 - xy = 4 \end{cases}$

c) $\begin{cases} x - 2 = y \\ xy = -2 \end{cases}$

64. Resolva os sistemas:

a) $\begin{cases} (4x - 3y)(x + 2y) = -30 \\ x - 2y = 5 \end{cases}$

b) $\begin{cases} 3 - y = 5x \\ 3x^2 = 13 + 5y \end{cases}$

c) $\begin{cases} x^3 + y^3 = 9 \\ xy = 2 \end{cases}$

d) $\begin{cases} x^2 + y^2 = 13 \\ x - y = 1 \end{cases}$

65. Resolva o sistema: $\begin{cases} 2x^4 + 3y^4 = 56 \\ x^4 + 2y^4 = 36 \end{cases}$

66. Resolva o sistema: $\begin{cases} (x+y)^2 - 4(x+y) - 5 = 0 \\ (x-y)^2 - 6(x-y) + 5 = 0 \end{cases}$

67. Resolva o sistema: $\begin{cases} x^2 + y^2 - 2x - 4y + 3 = 0 \\ x - y = 1 \end{cases}$

68. Resolva o sistema: $\begin{cases} x^2 + y^2 - 8x - 8y + 24 = 0 \\ x + y = 4 \end{cases}$

69. Resolva o sistema: $\begin{cases} x^3 - y^3 = 117 \\ xy^2 - x^2y = -30 \end{cases}$

70. Resolva o sistema: $\begin{cases} x^2 + y^2 - xy = 12 \\ x^4 + y^4 + 2x^2y^2 = 400 \end{cases}$

71. Resolva o sistema: $\begin{cases} (x^2 + y^2)^2 - 18(x^2 + y^2) + 65 = 0 \\ (x - y)^2 - 8(x - y) + 15 = 0 \end{cases}$

72. Resolva o sistema: $\begin{cases} xy(x+y) = 30 \\ x^3 + y^3 = 35 \end{cases}$

Problemas Gerais

A solução de um problema se dá por meio da tradução deste em uma ou mais equações, após a resolução algébrica desta equação devemos ainda verificar se as soluções encontradas convêm ao problema.

73. O dobro da idade que José tem hoje somado com 6 anos será igual ao dobro do quadrado da idade que ele tinha 3 anos atrás. Quantos anos tem José?

74. A soma de dois números é igual a 12 e seu produto vale 27. Encontre esses números.

75. Achar três números inteiros consecutivos tais que o cubo do maior é igual a três vezes a soma dos cubos dos outros dois.

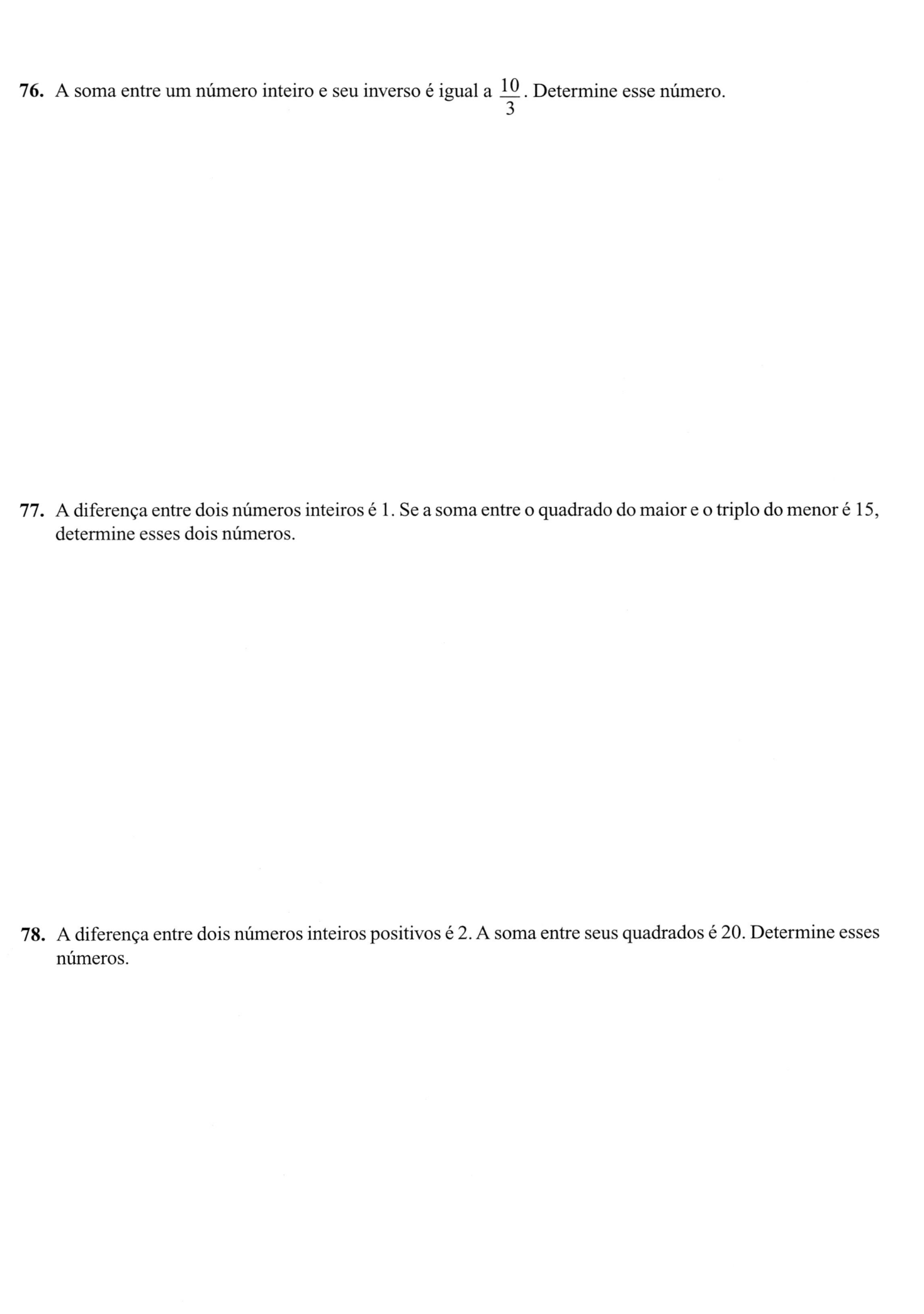

76. A soma entre um número inteiro e seu inverso é igual a $\dfrac{10}{3}$. Determine esse número.

77. A diferença entre dois números inteiros é 1. Se a soma entre o quadrado do maior e o triplo do menor é 15, determine esses dois números.

78. A diferença entre dois números inteiros positivos é 2. A soma entre seus quadrados é 20. Determine esses números.

79. A área de um retângulo é 28m². A metade da base supera em 5 m a medida da altura. Quais são as dimensões do retângulo?

80. A razão entre dois números inteiros positivos é 2. Se o quadrado do maior, diminuido do quíntuplo do menor é igual a 21, calcule os dois números.

81. Seja um número de dois algarismos cuja soma destes algarismos é igual a 10. Se somarmos 54 a este número este fica escrito em ordem inversa. Determine esse número.

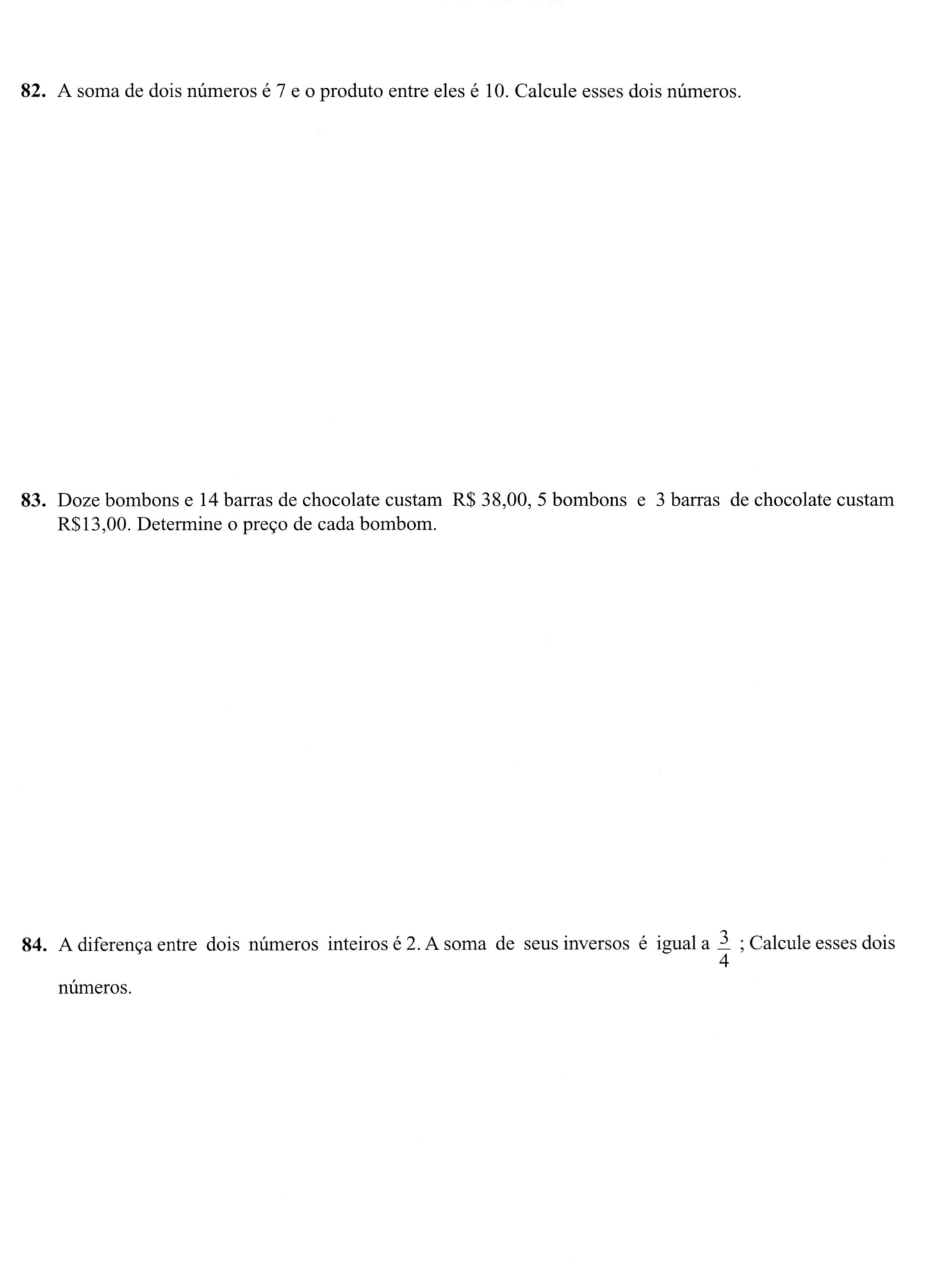

82. A soma de dois números é 7 e o produto entre eles é 10. Calcule esses dois números.

83. Doze bombons e 14 barras de chocolate custam R$ 38,00, 5 bombons e 3 barras de chocolate custam R$13,00. Determine o preço de cada bombom.

84. A diferença entre dois números inteiros é 2. A soma de seus inversos é igual a $\dfrac{3}{4}$; Calcule esses dois números.

85. Achar um número inteiro tal que multiplicando a soma desse número com 5 pela diferença entre ele e 8 obtém-se o triplo do mesmo número.

86. A área de um retângulo é 90 m². Calcular as dimensões do retângulo, sabendo-se que a base supera a altura em 1 cm.

87. Rose é mais velha que Claudia 5 anos. A razão entre os quadrados de suas idades é $\frac{4}{9}$. Calcule a idade de cada uma delas.

88. Decompor o número 21 em duas partes tais que o produto entre elas é 98.

89. A razão entre dois números naturais é $\dfrac{1}{3}$. Calcule esses dois números, sabendo-se que o quadrado do menor é igual ao maior aumentado de 4.

90. A soma entre dois números naturais é 10. Se o dobro do maior aumentado do quadrado do menor é igual a 23, calcular os dois números.

91. A soma dos inversos de dois números naturais consecutivos é $\dfrac{9}{20}$. Quais são esses números.

92. Encontre dois números cuja diferença é 28 e cujo produto é -52.

93. A soma de dois números naturais é 32. Calcular esses números sabendo-se que o maior é igual ao quadrado do menor somado com 2.

94. Dividindo-se um número natural por outro número natural obtemos 2 como quociente. Calcular os dois números, sabendo-se que a soma entre os quadrados dos dois números é igual a 125.

95. A soma de dois números é 18 e a soma de seus quadrados é 194. Quais são esses números?

96. Calcular três números inteiros consecutivos e positivos de tal modo que o quadrado do maior é igual à soma dos quadrados dos outros dois.

Sistemas Gerais de Equações

Lembre-se que um sistema de equações deve ter solução igual para todos as equações envolvidas e que em alguns casos estas equações tem condições de existência. Não se esqueça de verificá-las.

97. Resolva o sistema $\begin{cases} \dfrac{3}{x} - \dfrac{2}{y} = 1 \\ \dfrac{4}{x} + \dfrac{3}{y} = 7 \end{cases}$

98. Resolva o sistema de equações $\begin{cases} \dfrac{x+y}{x-y} = 2 \\ x^2 + y = 10 \end{cases}$

99. Resolva o sistema de equações fracionárias $\begin{cases} \dfrac{2}{x^2} - \dfrac{1}{y^2} = 2 \\ \dfrac{3}{x^2} + \dfrac{2}{y^2} = 59 \end{cases}$

100. Resolva o sistema $\begin{cases} \dfrac{x^2 - y^2}{x^2 + y^2} = -\dfrac{3}{5} \\ x + 2y = 5 \end{cases}$

101. Resolva o sistema $\begin{cases} \dfrac{2}{2x - 3} - \dfrac{3}{3y + 1} = -\dfrac{5}{2} \\ \dfrac{-3}{2x - 3} - \dfrac{1}{3y + 1} = 1 \end{cases}$

102. Resolva o sistema fracionária $\begin{cases} \dfrac{1}{x} + \dfrac{1}{y} = \dfrac{9}{20} \\ \dfrac{1}{x^2} + \dfrac{1}{y^2} = \dfrac{41}{400} \end{cases}$

103. Resolva o sistema $\begin{cases} x - y = 2 \\ \dfrac{x}{y} - \dfrac{y}{x} = \dfrac{16}{15} \end{cases}$

104. Resolva o sistema $\begin{cases} \dfrac{3}{3x+2y} - \dfrac{1}{2x-2y} = \dfrac{1}{2} \\ \dfrac{1}{9x+6y} + \dfrac{3}{x-y} = \dfrac{2}{3} \end{cases}$

105. Resolva o sistema $\begin{cases} \dfrac{1}{x} - \dfrac{1}{y} = \dfrac{1}{36} \\ xy^2 - x^2y = 324 \end{cases}$

106. Resolva em IR o sistema $\begin{cases} \dfrac{x+y}{x-y} = \dfrac{3}{2} + \dfrac{x-y}{x+y} \\ x+y = 4 \end{cases}$

107. Resolva o sistema $\begin{cases} \dfrac{x-y}{x+y} - \dfrac{10}{3} = \dfrac{-x-y}{x-y} \\ \dfrac{3}{x+y} = x-y \end{cases}$

108. Resolva o sistema $\begin{cases} x^2 + y^2 = 2a^2 + 2b^2 \\ x + y = 2a \end{cases}$

109. Resolva o sistema $\begin{cases} \dfrac{x}{y} = \dfrac{a}{b} \\ x^2 + y^2 = a^4 + a^2b^2 \end{cases}$

110. Resolva o sistema $\begin{cases} x^2 - 7x + 6 = 0 \\ x^2 - 9x + 18 = 0 \end{cases}$

111. Resolva o sistema a seguir: $\begin{cases} 5\sqrt{2x + y} - 9 = 2\sqrt{x + 2y} \\ 3\sqrt{2x + y} - 6 = \sqrt{x + 2y} \end{cases}$

112. Resolva o sistema fracionário $\begin{cases} \dfrac{5 - x}{9 - x^2} + \dfrac{1}{3 - x} = 1 \\ (3x - 5)^2 - (2x + 5)^2 = -45x \end{cases}$

113. Resolva em IR o sistema $\begin{cases} 3x^4 - 26x^2 - 9 = 0 \\ 2x^2 - 16x + 30 = 0 \end{cases}$

Relações e Funções

I – Produto Cartesiano:

Sejam os conjuntos A e B, não vazios, o produto cartesiano de A por B, que se indica por A x B, é o conjunto formado por todos os pares ordenados (x, y), nos quais x $\in$ A e y B.

Exemplo:

A = {1, 2, 3}

B = {1, 3, 5}

A x B = {(1, 1), (1, 3), (1, 5), (2, 1), (2, 3), (2, 5), (3, 1), (3, 3), (3, 5)}

Então: A x B = {(x, y) / x $\in$ A e y $\in$ B}

Observação: Podemos dizer que dois pares ordenados são iguais se, e somente se, os primeiros elementos são iguais e, também, os segundos elementos são iguais.

Propriedade: (a, b) = (c, d) $\Leftrightarrow$ a = c e b = d

II – Representação gráfica do produto cartesiano.

Podemos representar os elementos do produto cartesiano entre A e B graficamente.

Para isso tomam-se dois eixos ortogonais e representa-se no eixo horizontal, o conjunto A e no eixo vertical o conjunto B.

Os pares ordenados são representados pelas intersecções das paralelas aos eixos traçados pelos pontos que representam o conjunto A e o conjunto B.

Dados A = {1, 2, 3} e B = {1, 3, 5} representam graficamente A x B:

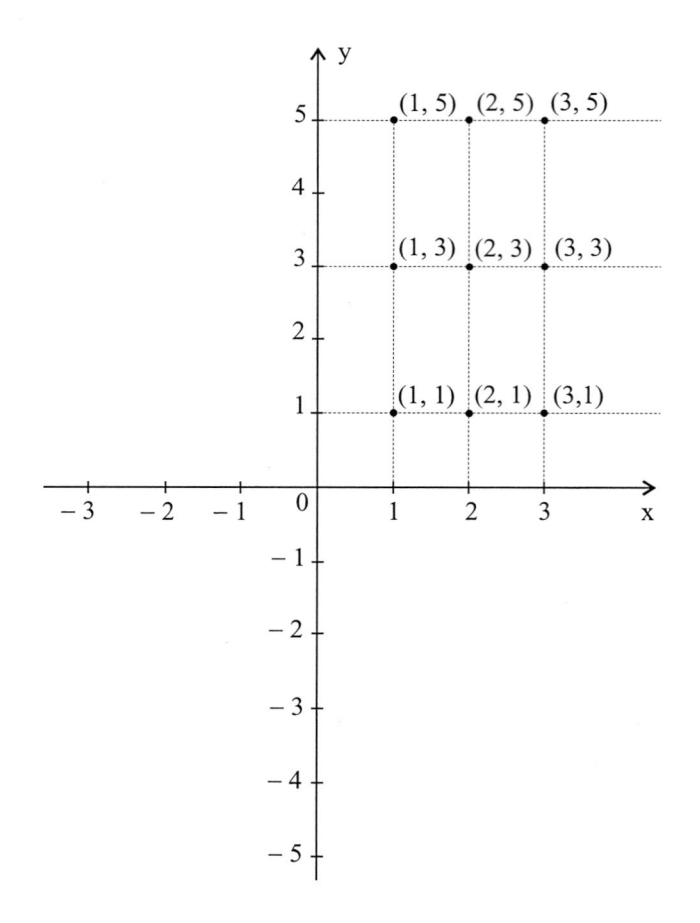

Observações:

1 – 0 é chamado de origem, tanto no eixo x quanto no eixo y.

2 – No eixo x, à direita de zero localizam-se os números positivos, à esquerda localizam-se os números negativos.

3 – No eixo y, acima do zero localizam-se os números positivos, abaixo os números negativos.

4 – O eixo x é também chamado de eixo das abcissas.

5 – O eixo y é também chamado de eixo das ordenadas.

6 – As retas x e y determinam um plano, chamado de plano cartesiano.

114. Dados os conjuntos A = {5, 6} e B = {– 1, 2} determine os conjuntos:

a) A x B =

b) B x A =

c) A x A =

d) B x B =

115. Localize no plano cartesiano os pontos A (3, 4), B (–2, 3) , C (–1, – 3) , D (4, – 2).

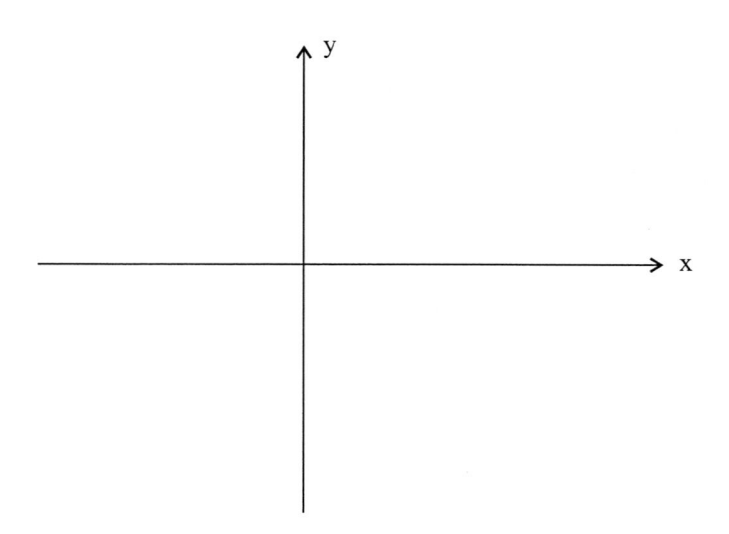

116. Sendo A = {– 1, 2 , 3} e B = {2, – 3}, determine:

a) A x B =

b) a representação gráfica de A x B.

117. Dados os pares ordenados abaixo, determine que elementos pertencem ao conjunto A e que elementos pertencem ao conjunto B.

$$B \times A = \left\{(-3,1), \left(-\frac{1}{2}, 0\right), \left(2, -\frac{1}{2}\right), (3,2), ...\right\}$$

118. Observe a representação gráfica abaixo de alguns dos elementos de A x B e determine:

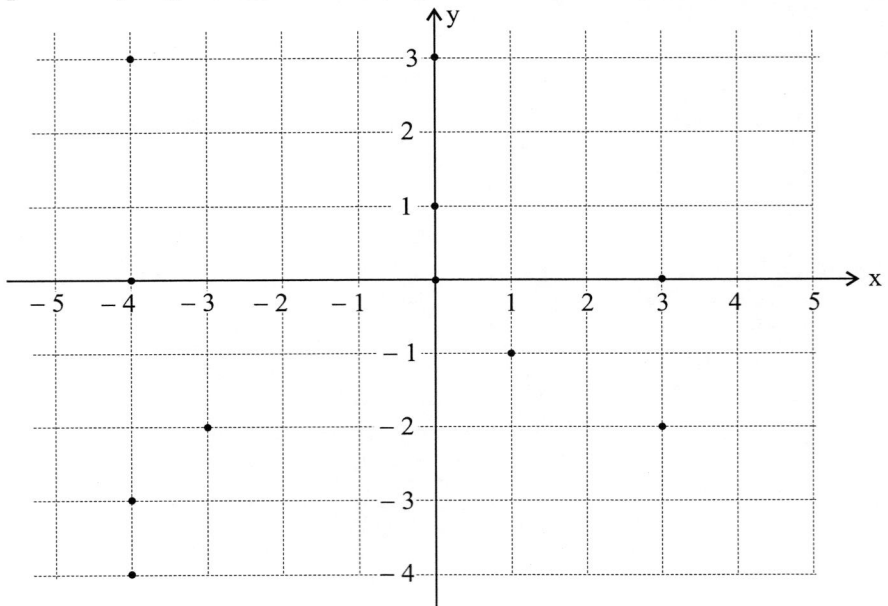

a) A = {

b) B = {

119. Determine x e y de modo que sejam iguais os pares ordenados:

a) (x + y , 3x − y) = (1, − 9)

b) (x, y) = (3y − 9 , x + 5)

c) (y, 3x − y) = (2x − 2, 1)

d) (x + y , y − x) = (4, 2)

e) (x, y) = (y + 11, 2x − 17)

f) $(x^2 + y^2, x - y) = (13, 1)$

g) $(x^2 - y^2 - 2xy + x + y, x) = (2, y + 2)$

h) $(3x^2 - 2y^2, x^2 + y^2) = (4, 3)$

i) $(x^2 + y^2, x - y) = (20, 6)$

j) $(2, 1) = (2xy - 3x + 2y, 2x + y)$

Relações

Dados dois conjuntos A e B, não vazios, chama-se relação R de A em B qualquer subconjunto de A x B. Dados A = {1, 2} e B = (3, 4, 5} temos:

A x B = {(1, 3), (1, 4), (1, 5), (2, 3), (2, 4), (2, 5)}

Este conjunto admite vários subconjuntos:

{(1, 3)}

{(1, 3), (1, 4)}

{(1, 3), (1, 4), (1, 5)}...

Estes subconjuntos do produto cartesiano de A x B é chamado de relação de A em B. Uma relação R de A em B pode ser determinada através de uma lei de formação.

Exemplo:

Dados os conjuntos A = {– 2, – 1, 0, 1, 2} e B = {– 3, – 1, 1, 3}, determine os elementos da relação R ={(x, y) ∈ A x B / y = x – 1}

Podemos representar uma relação através do diagrama de flechas, graficamente ou por enumeração.

Sendo A = {1, 2, 3}

B = {2, 5}

R = {(1, 2), (1, 5), (2, 2), (2, 5), (3, 2), (3, 5)} temos:

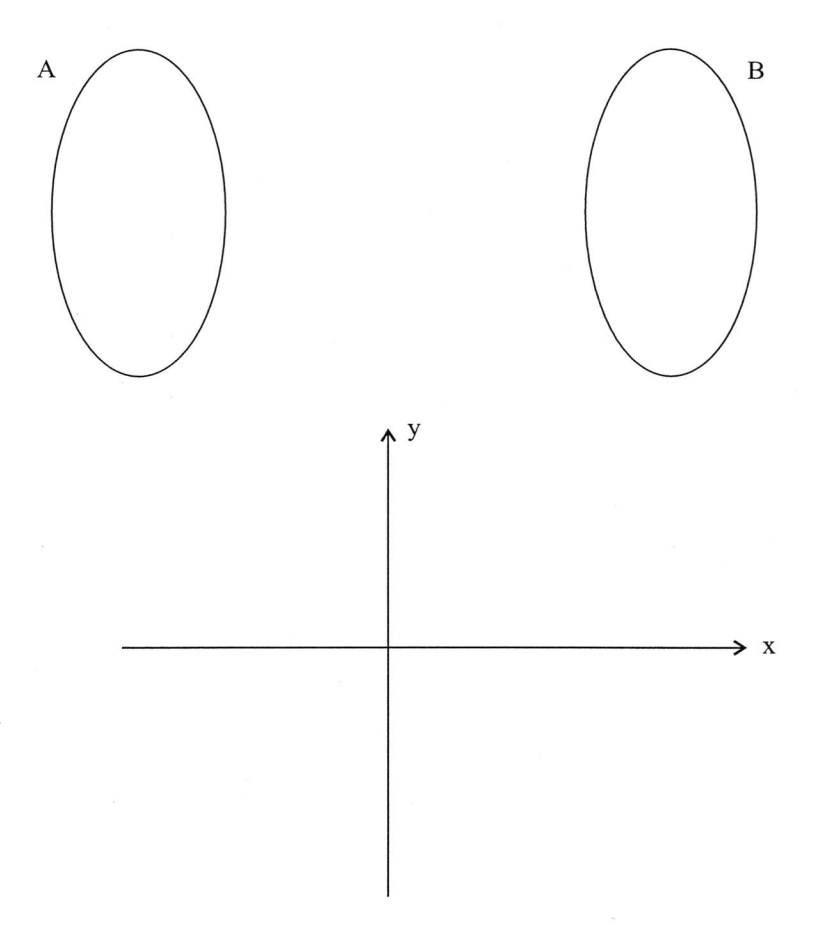

120. Dados os conjuntos A = {1, 2, 3, 4,} e B = {1, 3, 5} determinar a relação de A em B definida pela sentença {(x, y) ∈ A x B / x < y}

121. Faça o repectivo diagrama de flechas das relações abaixo, dados A = {− 3, − 2, − 1, 0} e B = {0, 1, 2, 3, 4, 5, 9}:

a) R_1 = {(x, y), ∈ A x B / y = x^2}

b) R_2 = {(x, y) ∈ A x B / x + y ≤ 0}

c) R_3 = {(x, y) ∈ A x B / 2x + y < 1}

d) R_4 = {(x, y) ∈ B x A / x = y}

122. Ligue os elementos que tornam as relações indicadas verdadeiras:

a) R: {(x , y) ∈ A x B / x é divisor de y}

A: 2, 3, 4, 5

B: − 4, − 6, 0

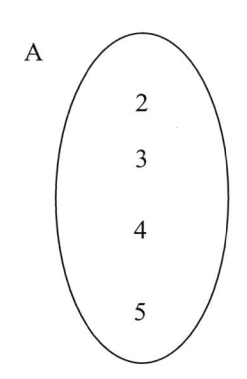

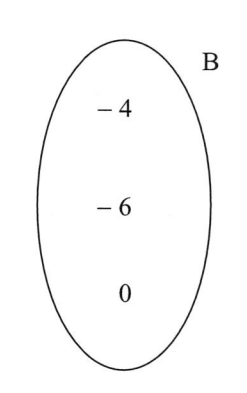

b) R: {(x , y) ∈ A x B / x = 2y}

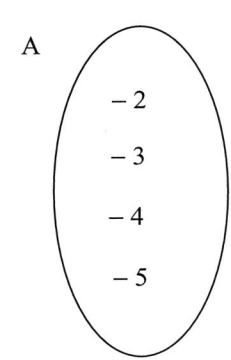

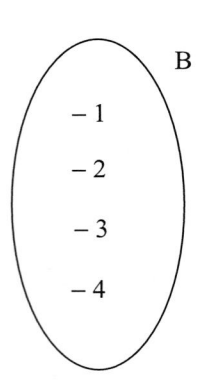

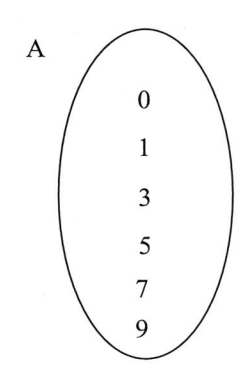

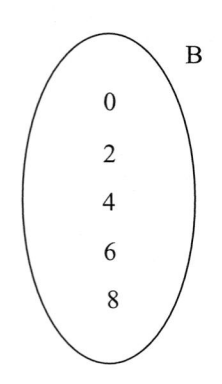

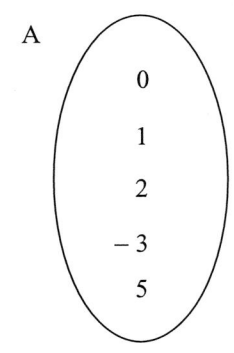

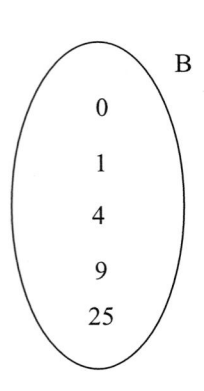

A: {−2, −3, −4, −5}   B: {−1, −2, −3, −4}

c) R: {(x , y) ∈ A x B / x = y + 1}

A: {0, 1, 3, 5, 7, 9}   B: {0, 2, 4, 6, 8}

d) R: {(x , y) ∈ A x B / x^2 = y}

A: {0, 1, 2, −3, 5}   B: {0, 1, 4, 9, 25}

123. Represente no plano cartesiano a relação R = {(x, y) ∈ A x A / x > y + 2} dado A = {0, 1, 2, 3, 4, 5}.

124. Dados $A = \{x \in Z / 0 \leq x \leq 5\}$, $B = \{y \in Z / 2 \leq y \leq 12\}$ e R, uma relação de A em B definida por $R = \{(x, y) \in A \times B / -2x = -y\}$, determine:

a) diagrama de flechas de R.

b) a representação gráfica de R.

125. Dados os conjuntos $A = \{-3, -2, -1, 0, 1, 2\}$ e $B = \{y \in Z / -4 \leq y \leq 10\}$, determine graficamente e através do diagrama de flecha as relações:

a) $R_1 = \{(x, y) \in A \times B / y = x\}$

b) $R_2 = \{(x, y) \in A \times B / y = 2x + 2\}$

c) $R_3 = \{(x, y) \in A \times B / y = x - 2\}$

Funções

Observe:

I)

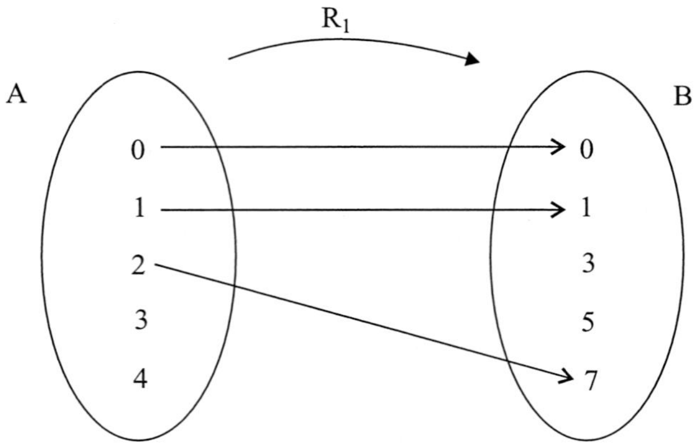
R$_1$
A
B
0
1
2
3
4
0
1
3
5
7

$R_1 = A \longrightarrow B$

$R_1 =$

II)

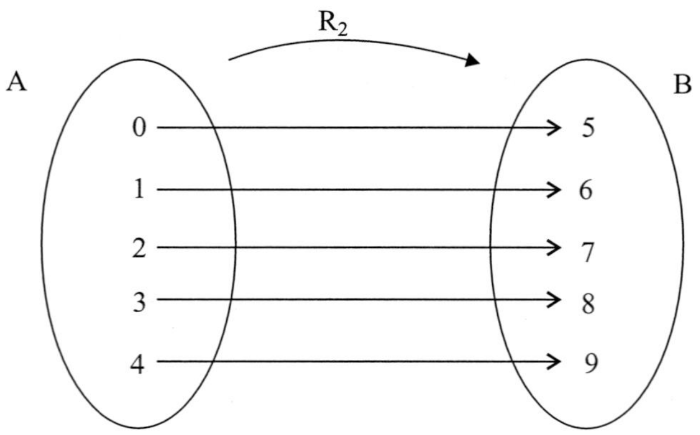
R$_2$
A
B
0
1
2
3
4
5
6
7
8
9

$R_2 =$

$R_2 =$

III)

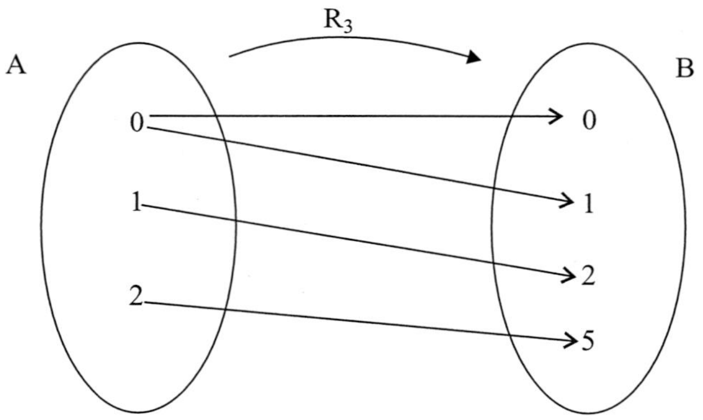
R$_3$
A
B
0
1
2
0
1
2
5

$R_3 =$

$R_3 =$

IV)

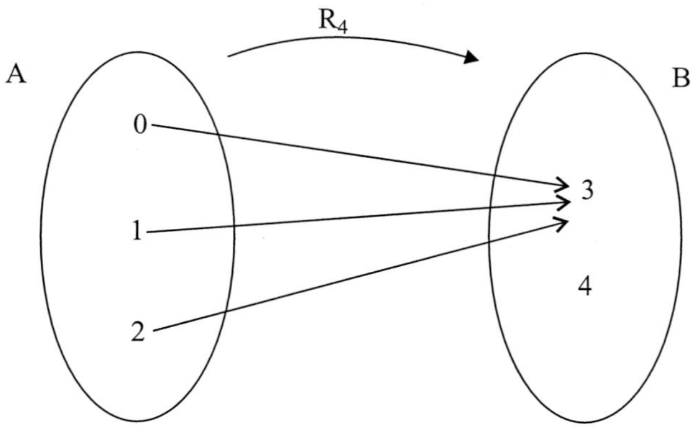
R$_4$
A
B
0
1
2
3
4

$R_4 =$

$R_4 =$

Definição:

conjunto de partida:
conjunto de chegada:
Observe:

I)

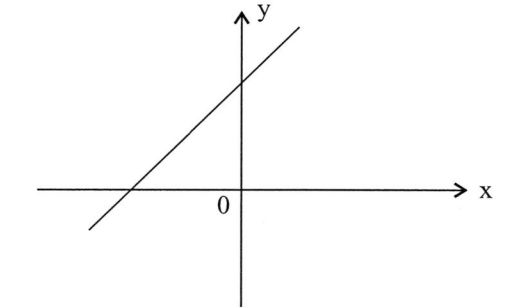

$R_1: \mathbb{R} \longrightarrow \mathbb{R}$

R_1

II)

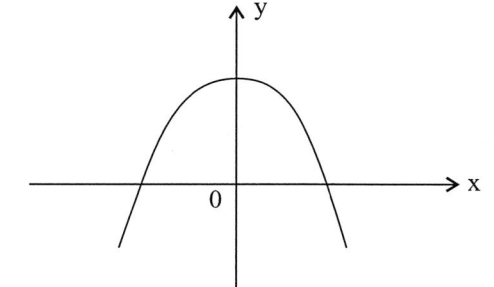

$R_2: \mathbb{R} \longrightarrow \mathbb{R}$

R_2

III)

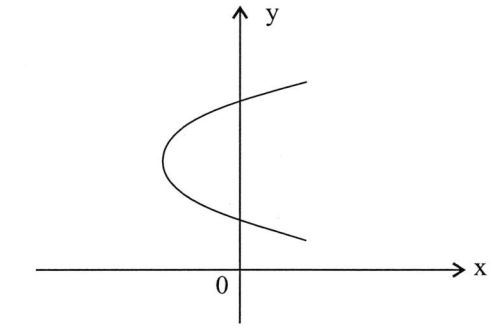

$R_3: \mathbb{R} \longrightarrow \mathbb{R}$

R_3

IV)

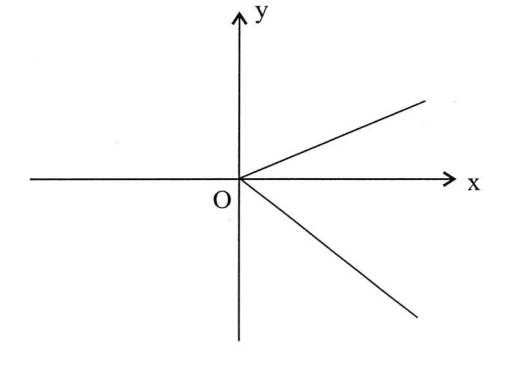

$R_4: \mathbb{R}_+ \longrightarrow \mathbb{R}$

R_4

126. Escreva por enumeração as relações R seguintes definidas por diagramas de flechas e indique se são função:

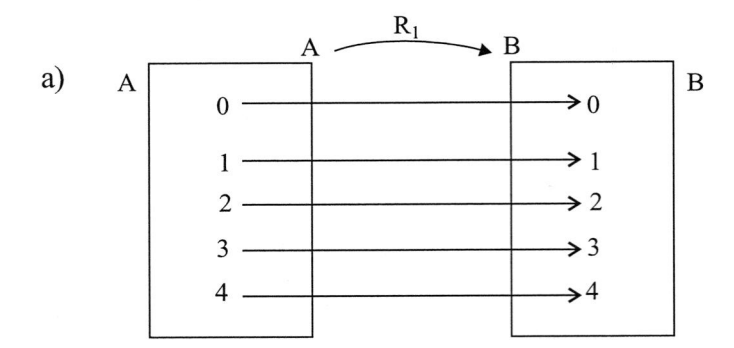

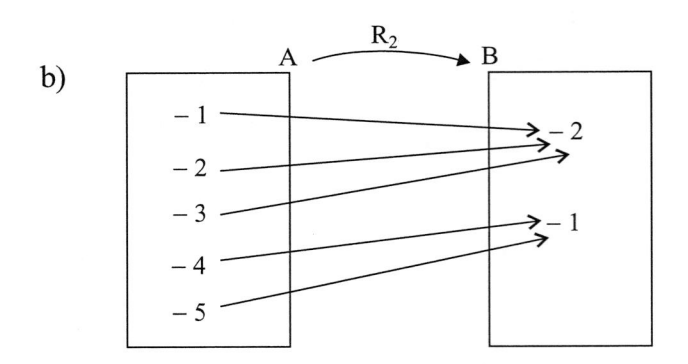

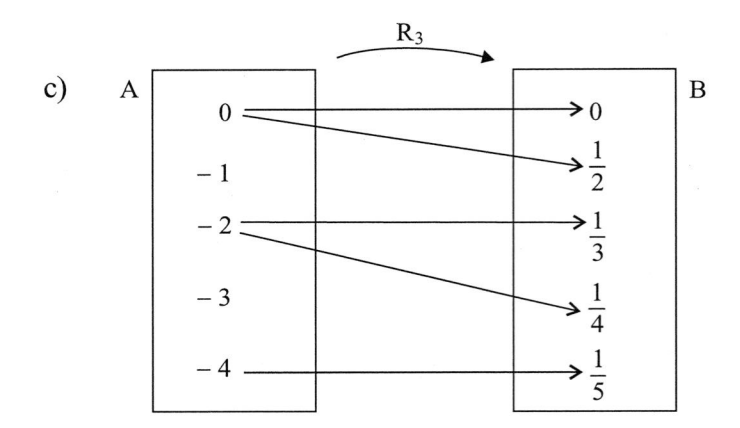

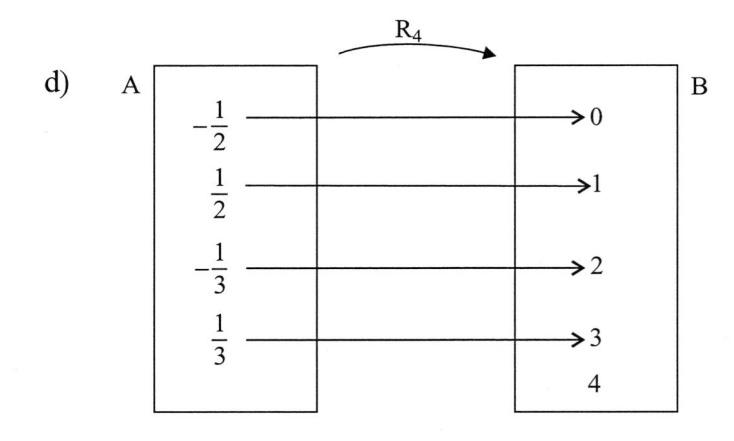

a) R_1: A → B
- 0 → 0
- 1 → 1
- 2 → 2
- 3 → 3
- 4 → 4

b) R_2: A → B
- −1 → −2
- −2 → −2
- −3 → −2
- −4 → −1
- −5 → −1

c) R_3: A → B
- 0 → 0
- 0 → 1/4
- −2 → 1/2
- −4 → 1/5

d) R_4: A → B
- −1/2 → 0
- 1/2 → 1
- −1/3 → 2
- 1/3 → 3

e)

A R_5 B

0 → 0
1 → 0
2 → 0
3 → 3
4 → 3

f)

A R_6 B

1 → 0
1 → 1
1 → 2
1 → 3

g)

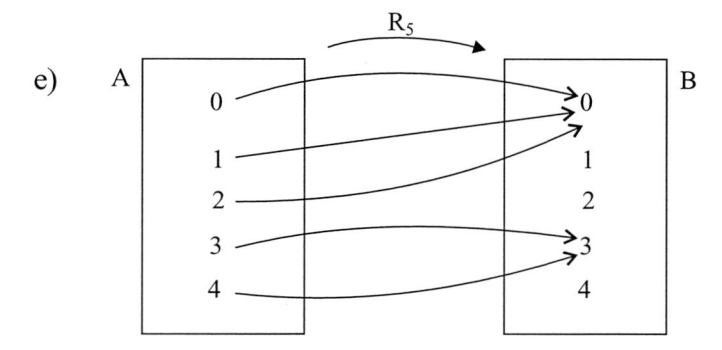

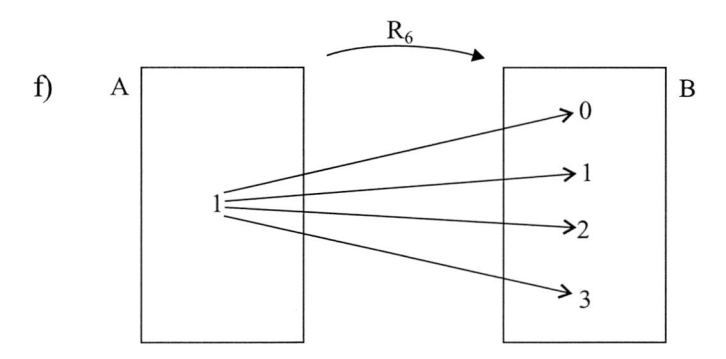

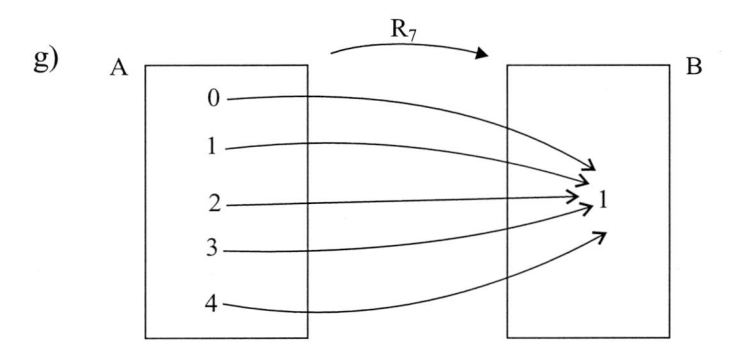

A R_7 B

0 → 1
1 → 1
2 → 1
3 → 1
4 → 1

127. Classifique as seguintes relações, de acordo com o código.

R – se for uma relação que não é função.

F – se for uma relação que é função.

a) $A = \{-2, -1, 1, 2\}$ e $B = \{-2, -1, 0, 1, 2\}$

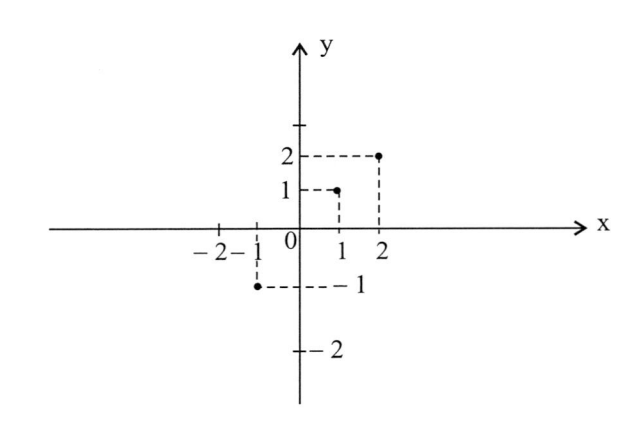

b) A = {1, 2, 3, 4} e B = {0, −1, −2}

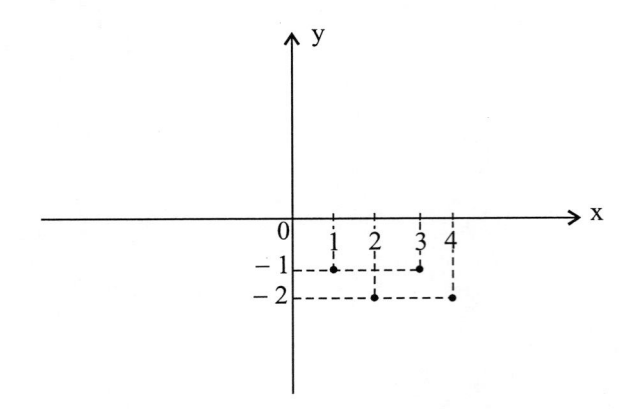

c) A = {1, 2, 3, 4} e B = {0, −1, 2}

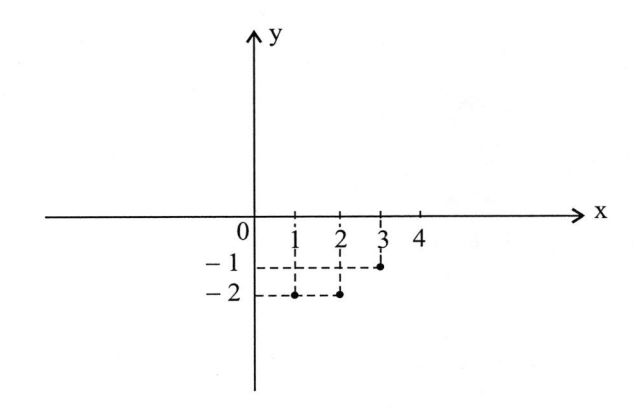

d) A = {−2, −1, 0, 1, 2} e B = {0, −1, −2}

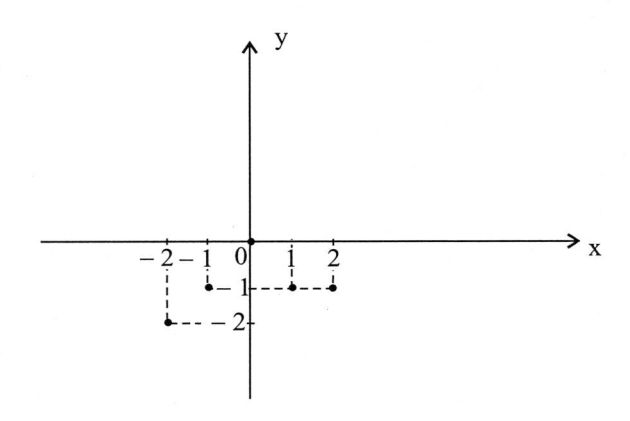

e) A = [−3, 2] e B = [−2, 4]

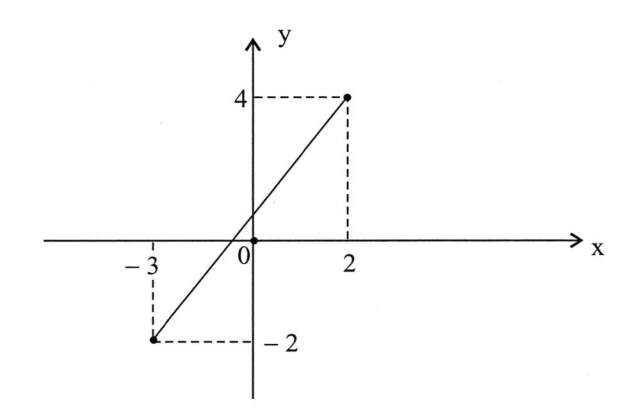

128. Assinale os gráficos que representam função de IR → IR.

a)

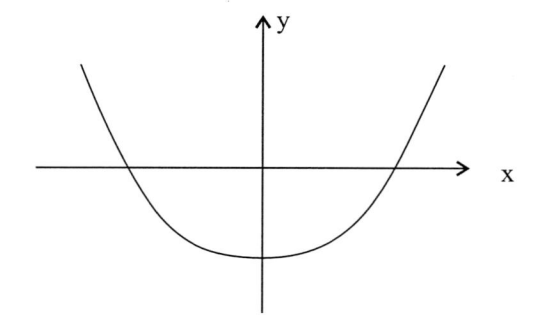

b)

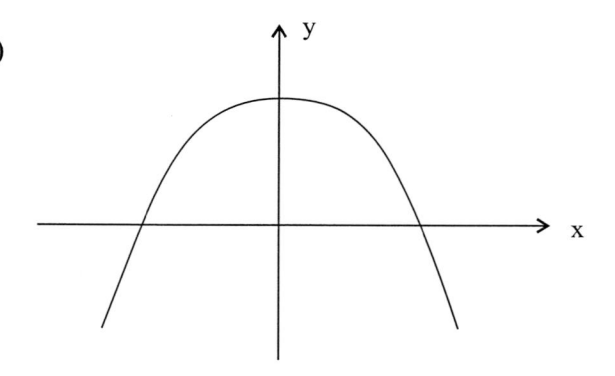

c)

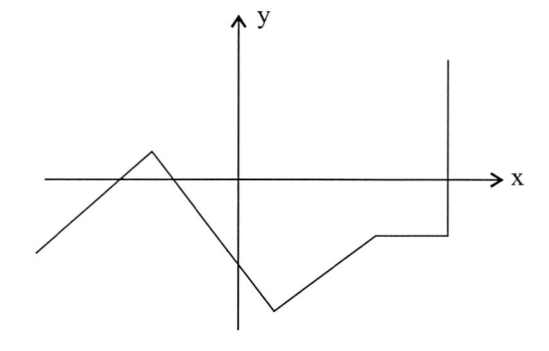

d)

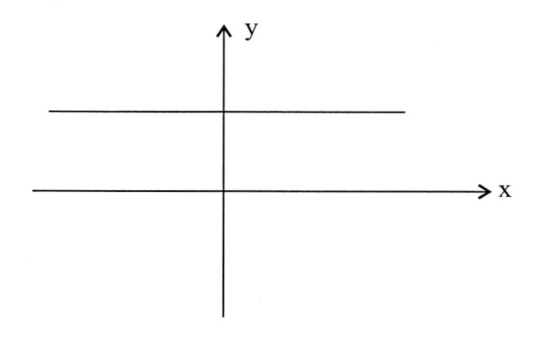

e)

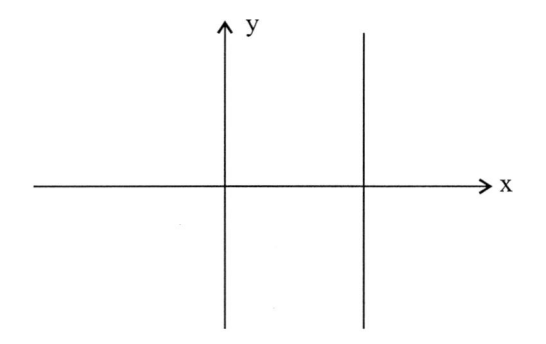

Domínio, Imagem e Contra-domínio de uma função.

Considere os conjuntos

A = {– 2, – 1, 0 , 1, 2} , B = {0, 1 , 2, 3, 4} e a função f de A em B, definida por $f(x) = x^2$, com x ∈ A e y ∈ B.

x	y

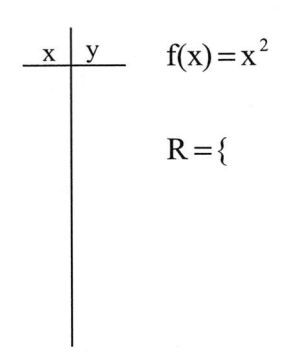

$f(x) = x^2$

R = {

Domínio →

Contra-Domínio →

Imagem →

Observação:

129. Determine o domínio e a imagem das seguintes relações:

a) R_1 = {(1, 1), (1, 2), (1, 3), (1, 5)}

b) R_2 = {(2, 1), (3, 4), (5, 6), (7, 8)}

c) R_3 = $\left\{ \left(\frac{1}{2}, \frac{3}{5}\right), \left(\frac{2}{3}, \frac{3}{5}\right), (1+\sqrt{3}, -\sqrt{3}), (0,1) \right\}$

d) R_4 = {(1, 1), (2, 2), (3, 3), (4, 4)}

e) R_5 = {(0, 1), (0,2), (0, 3), (0, 4)}

130. Dados os conjuntos A = {– 1, 0, 1, 2, 3} e B = {0, 1, 2, 3, 4, 5} e a relação R de A em B definida por xRy ↔ y = 2x, pede-se

a) a relação R, por enumeração.

b) o gráfico cartesiano de R.

c) o domínio e o conjunto-imagem de R.

d) tal relação é uma função?

131. Dada a relação R de A em B, com A = {x ∈ Z/ – 1 < x ≤ 6} e B = {y ∈ Z / – 2 ≤ y ≤ 10}, definida por R = {(x, y) ∈ A x B / y = 2x}, determine:

a) a representação de R, em diagrama de flechas.

b) a representação gráfica de R.

c) o domínio e a imagem de R.

d) tal relação é uma função?

132. Dada a função f de IR em IR, definida por $f(x) = \frac{5x}{2}$, determine:

a) a imagem do elemento 3.

b) a imagem do elemento $\frac{5}{3}$.

c) o elemento do domínio cuja imagem é 11.

d) o elemento do domínio cuja imagem é $-\frac{1}{2}$.

e) o elemento do domínio cuja imagem é igual a ele próprio.

133. Sendo f uma função em IR em IR, definida por $f(x) = x - 5$, calcular:

a) $f(0)$ b) $f(1)$

c) $f(-2)$ d) $f\left(-\dfrac{1}{2}\right)$

e) $f(3)$ f) $f\left(\dfrac{1}{5}\right)$

134. Dada a relação f de R em R definida por $f(x) = x^2 - 2x - 3$, determine x nos casos:

a) $f(x) = 0$ b) $f(x) = -1$ c) $f(x) = 5$

135. Dada a função f sobre IR definida por $y = f(x) = 3x - 2$, determine o par (x, y) de f nos casos:

a) $x = 0$ b) $y = -1$ c) $x = 2$

d) $y = -2$ e) $y = 0$ f) $x = 10$

136. Determinar o domínio das seguintes funções:

a) $f(x) = \dfrac{2x+5}{x-1}$ b) $f(x) = \dfrac{1}{4x-3}$

c) $f(x) = \dfrac{\sqrt{x-2}}{x^2 - 2x - 48}$ d) $f(x) = \sqrt{7 + 3x}$

e) $f(x) = \dfrac{3}{x-1}$ f) $f(x) = \dfrac{5}{x^2 - 9}$

g) $f(x) = \sqrt{x + 10}$ h) $f(x) = \sqrt{9 + x}$

i) $f(x) = \dfrac{x - 1}{2x^2 + 7x - 15}$ j) $f(x) = x^2 - 5x + 6$

137. Dada a função $f(x) = \sqrt{6x - 12}$, determine:

a) seu domínio.

b) o número real cuja imagem é 12.

c) a imagem do número real 2.

d) a imagem do número real – 3.

138. O gráfico dado é a representação cartesiana de uma função f de R em R, determine x nos casos:

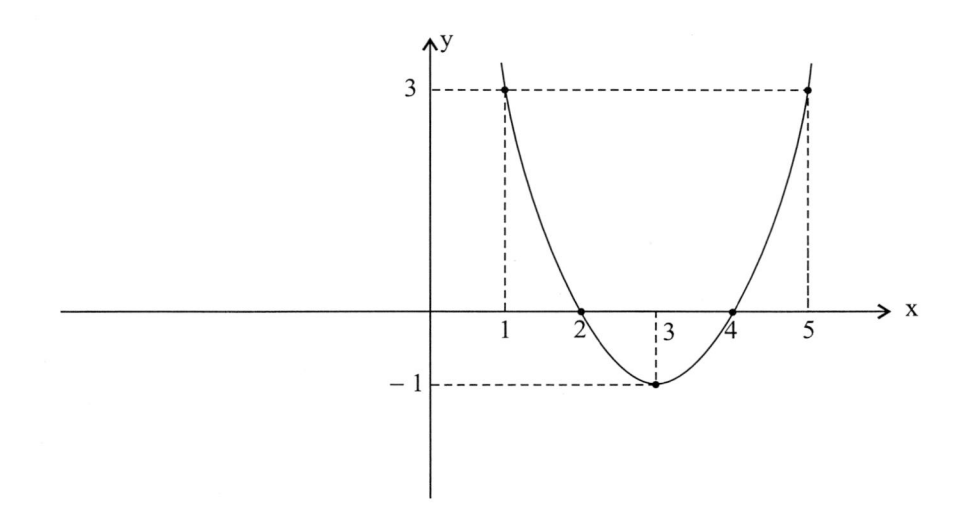

a) f(x) = – 2

b) f(x) = 0

c) f(x) = – 1

d) f(x) = 3

139. Nos gráficos abaixo indique o domínio e o conjunto imagem da seguintes funções:

a)

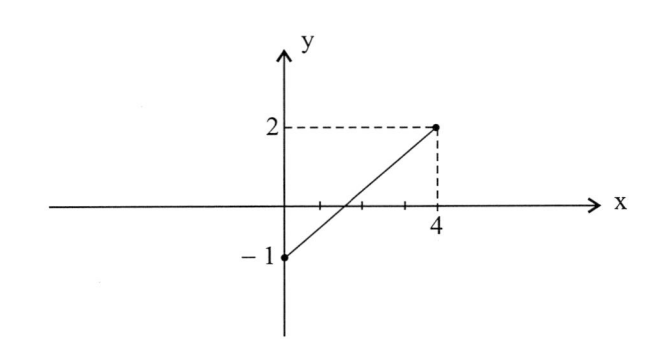

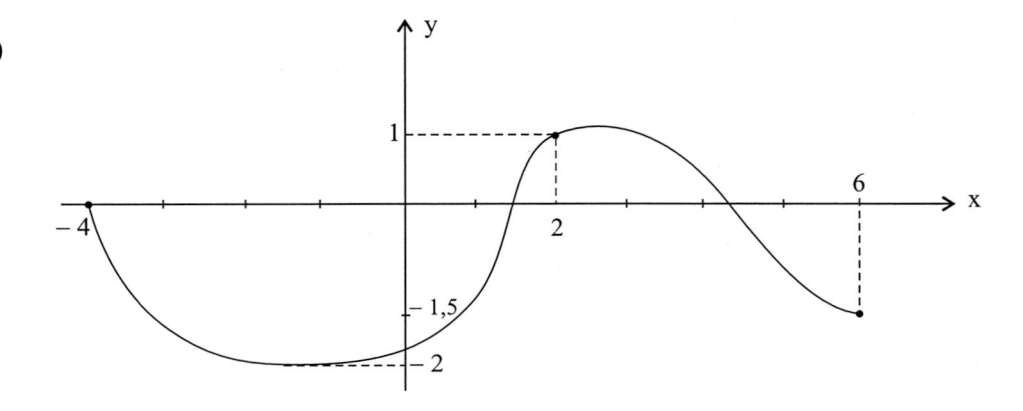

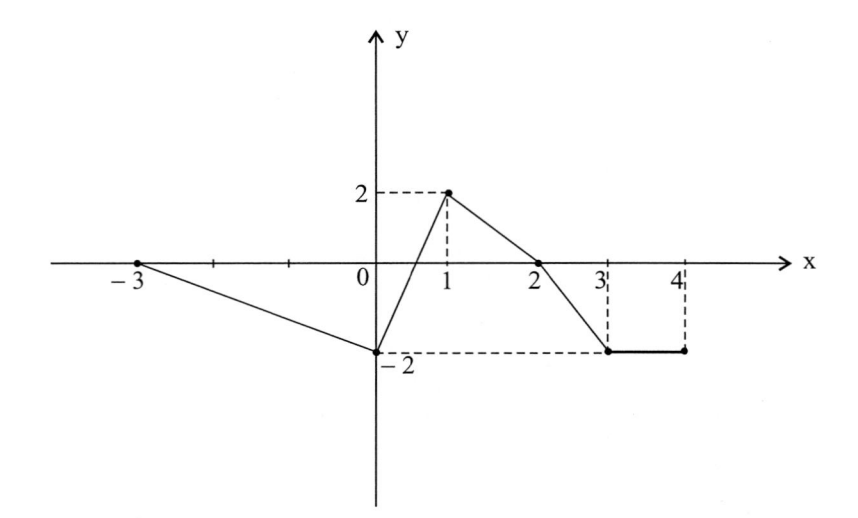

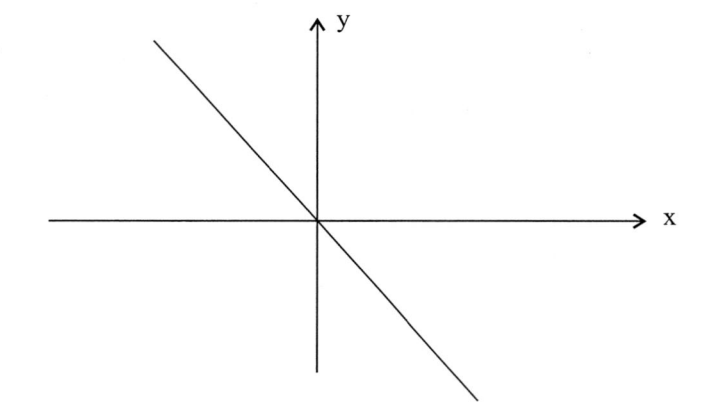

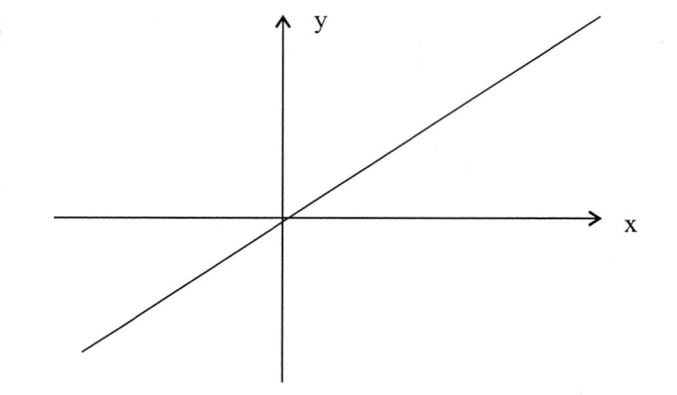

b)

c)

d)

e)

f)

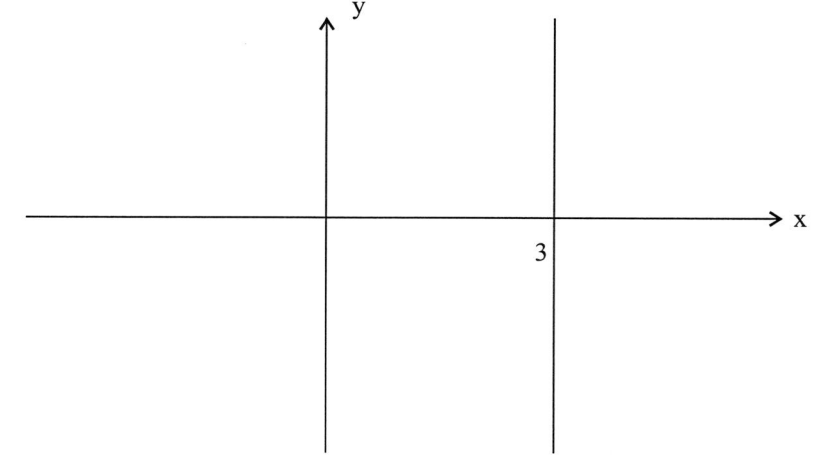

140. Fazer a variação do sinal de f, dado o seu gráfico cartesiano, nos casos:

a)

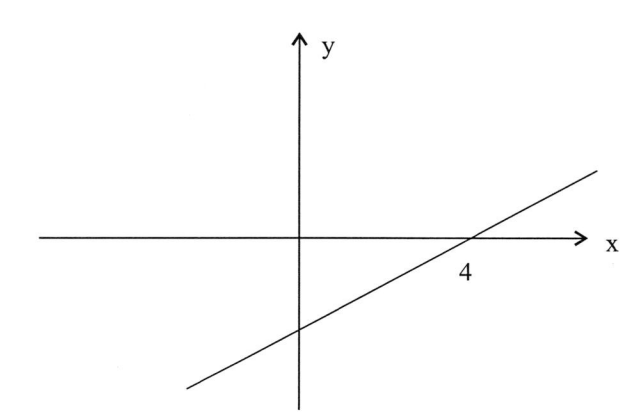

b)

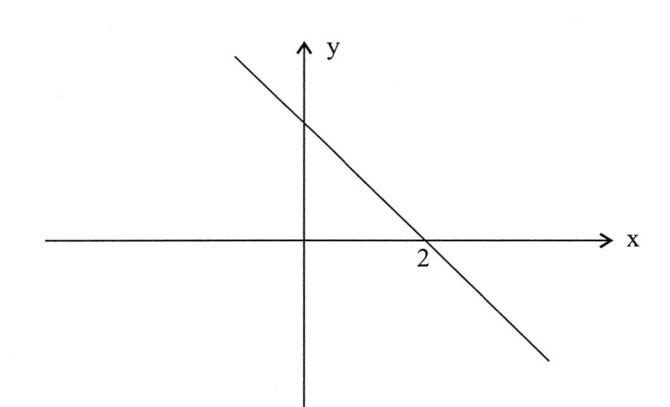

c)

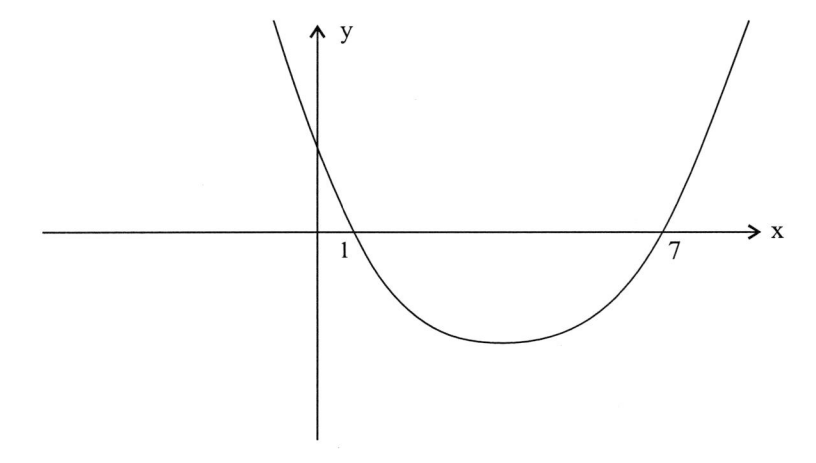

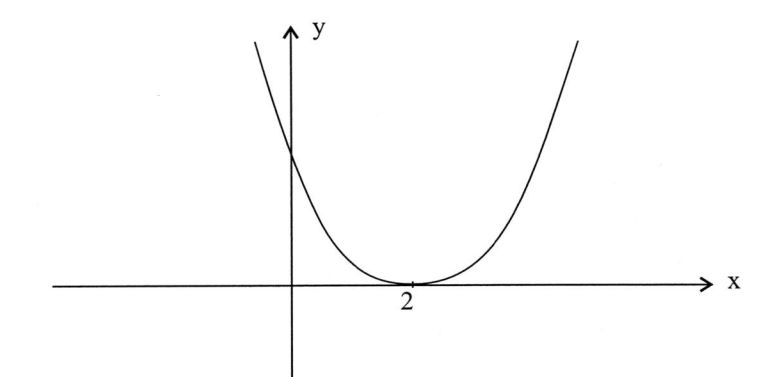

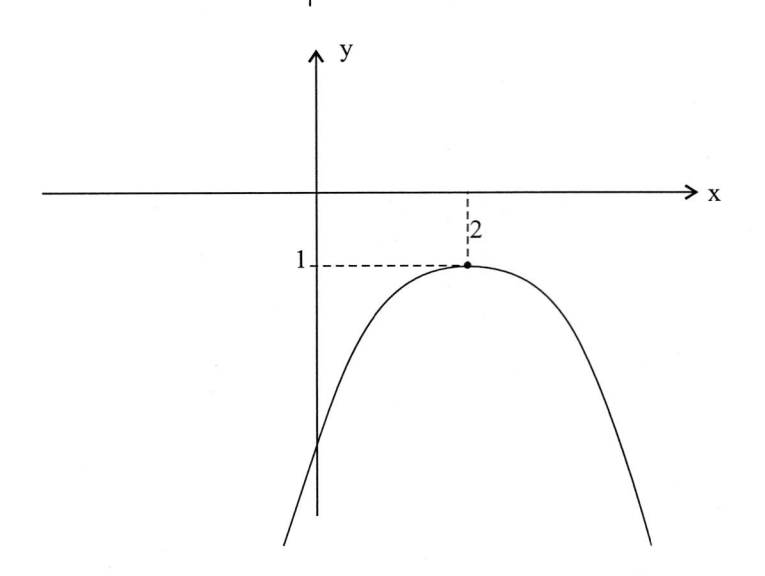

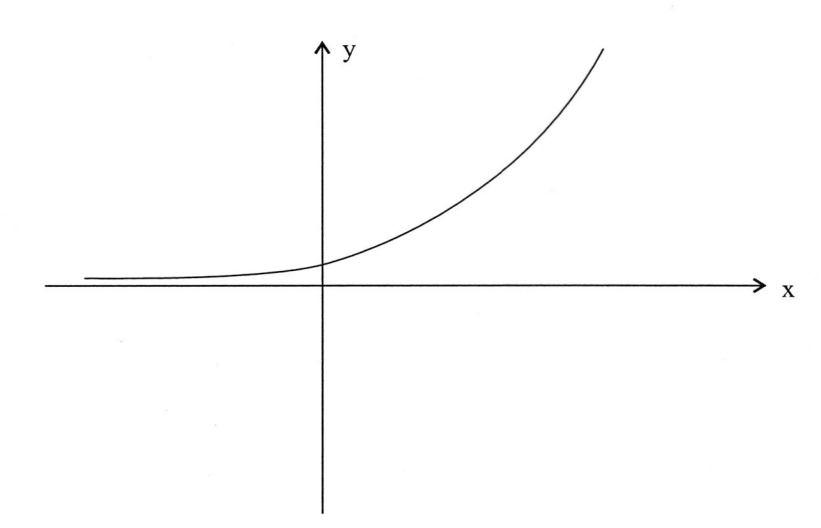

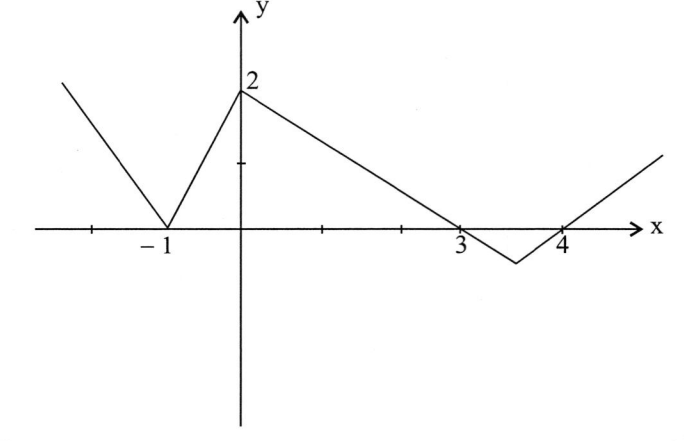

d)

e)

f)

g)

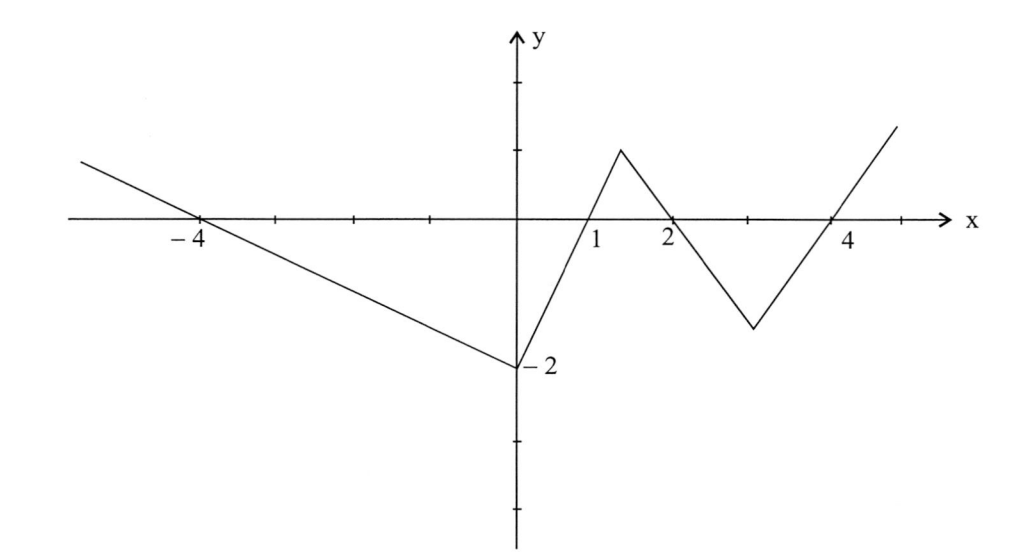

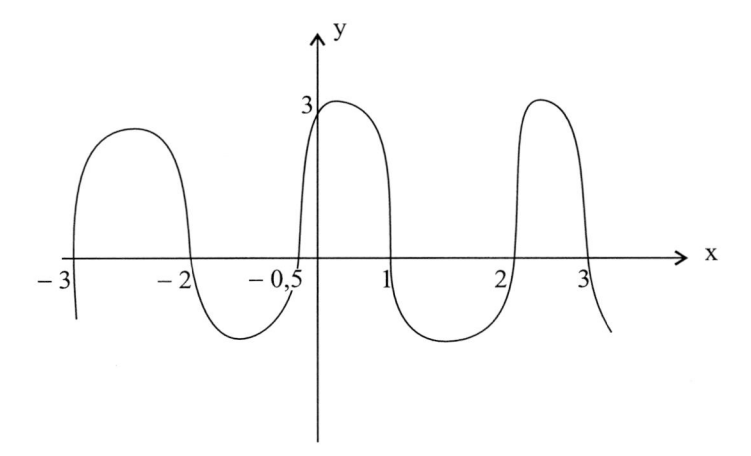

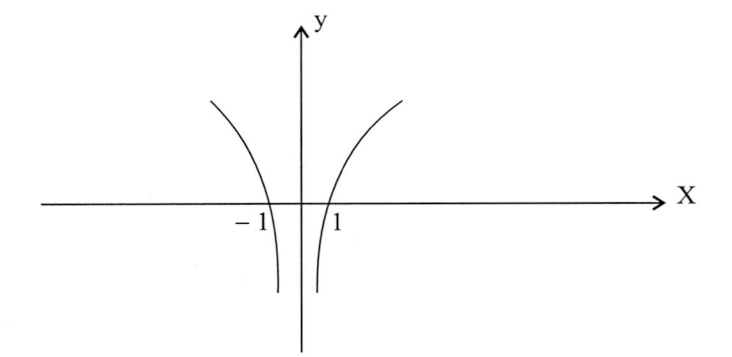

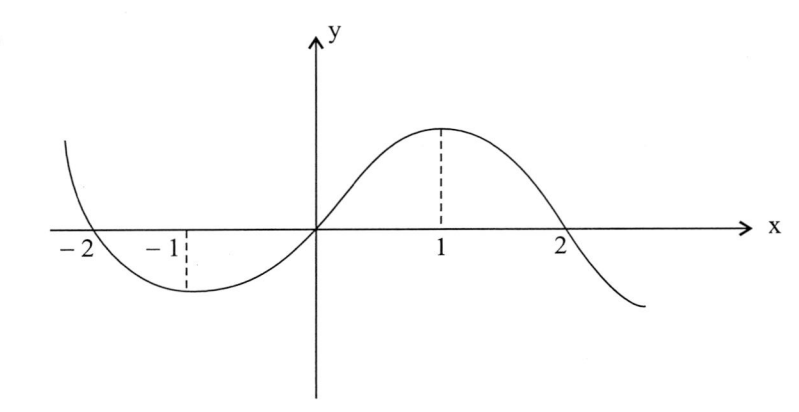

h)

i)

j)

k)

Funções Constante

Função constante é toda função do tipo $f(x) = c$, com $c \in \mathbb{R}$.

Exemplos:

$f(x) = 2$

$f(x) = -5$

$y = 3$

$y = -\dfrac{1}{2}$

A representação gráfica de uma função constante é sempre uma reta paralela ao eixo x.

Na função $f(x) = c$ teremos:

      com $c > 0$ teremos: com $c < 0$ teremos:

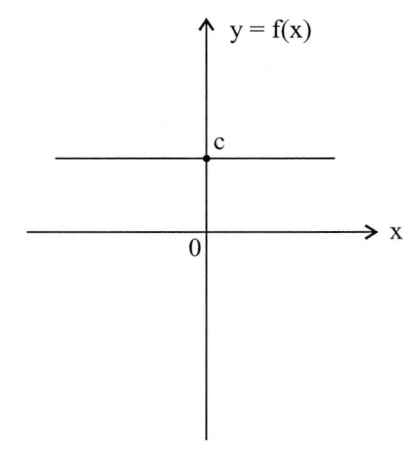

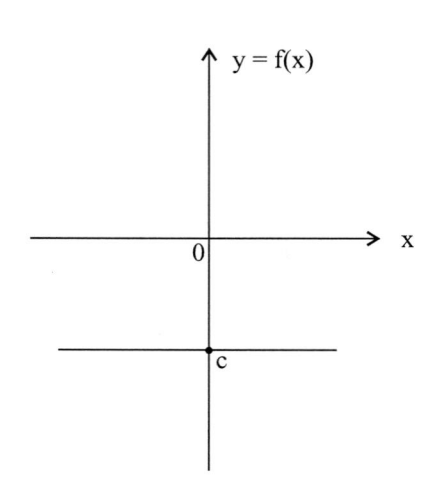

141. Represente graficamente as funções constantes a seguir:

a) $f(x) = 3$ b) $f(x) = -2$

c) $y = \dfrac{1}{3}$ d) $f(x) = \dfrac{7}{3}$

e) $y = -4$ f) $y = -\dfrac{3}{5}$

g) $f(x) = -\dfrac{7}{2}$ g) $f(x) = \dfrac{4}{3}$

142. Analise graficamente o sinal de y nas funções a seguir:

a) $f(x) = 2$ d) $y = -7$

b) $f(x) = -5$ e) $y = -\dfrac{3}{5}$

c) $f(x) = \dfrac{1}{5}$ f) $y = \dfrac{4}{7}$

143. Analise graficamente o sinal de cada uma das funções a seguir:

a) $y = -3$

b) $y = 10$

c) $f(x) = \dfrac{3}{8}$

d) $f(x) = -\dfrac{1}{7}$

e) $y = \dfrac{4}{9}$

f) $y = 1$

g) $y = -9$

h) $f(x) = \dfrac{4}{11}$

i) $f(x) = -\dfrac{17}{3}$

j) $f(x) = -\dfrac{8}{5}$

Função do 1º grau

Chamamos de função de 1º grau ou função afim toda função do tipo **f(x) = ax + b**, com a ∈ IR*, b ∈ IR.

Numa função genérica do 1º grau f(x) = ax + b, chamamos o coeficiente de x (a) de coeficiente angular e o termo independente de x (b) de coeficiente linear.

a = coeficiente angular

b = coeficiente linear

144. Determine em cada função do 1º grau a seguir, seu coeficiente angular e seu coeficiente linear.

a) $f(x) = 3x - 2$

b) $f(x) = 4x + 1$

c) $f(x) = -2x + 3$

d) $y = -x + 2$

e) $y = mx + n$

f) $y = -x$

g) $f(x) = 2 - 3x$

h) $f(x) = 5 + 4x$

145. Determine o coeficiente linear e o coeficiente angular de cada função do 1º grau a seguir:

a) $y = \dfrac{1}{2}x$

b) $f(x) = -2x + \dfrac{1}{5}$

c) $f(x) = \dfrac{3x - 1}{2}$

d) $y = -4x + \dfrac{2}{5}$

e) $y = \dfrac{-3 + 2x}{3}$

f) $y = \dfrac{-4x + 2}{5}$

g) $f(x) = \dfrac{-3 + 2x}{4}$

h) $f(x) = \dfrac{-2 - x}{2}$

i) $f(x) = \dfrac{-3x + 2}{6}$

j) $y = \dfrac{-2 - x}{5}$

146. Verifique se as funções a seguir são do 1º grau e a seguir indique seu coeficiente linear e seu coeficiente angular:

a) $f(x) = 2(x - 1) + 3(x + 1)$

b) $y = (x - 1) - 3(x - 2)$

c) $y = (x - 1)^2 - (x + 1)(x - 1)$

d) $f(x) = (x - 2)^2 - x(x + 4)$

e) $f(x) = (x - 1)^2 - 3x(x - 5)$

f) $y = 2x(x + 1) - x(2x - 1)$

147. Verifique se cada uma das funções a seguir são do 1º grau, e em caso positivo indique seu coeficiente linear e seu coeficiente angular.

a) $2x - y = y + x + 1$

b) $3y - x = 2x + 3$

c) $4x - 3(x - 2) + y = 0$

d) $f(x) = 4(x - 1)^2 - (2x + 3)^2$

e) $f(x) = 3(x - 2)(x + 1) - 3x(x - 2)$

f) $2x + y - 3 = 2y - 5x + 3s$

Representação Gráfica da função do 1º grau

Toda função do 1º grau, **y = ax + b** (a ≠ 0), é representada graficamente por uma reta não paralela ao eixo x ou y.

Vamos construir os gráficos de duas funções do 1º grau utilizando dois métodos distintos.

1º método: Utilizando-se de uma tabela de valores de x e y:

a) y = 2x − 1

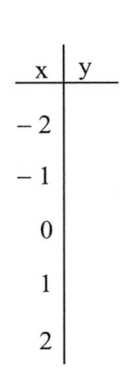

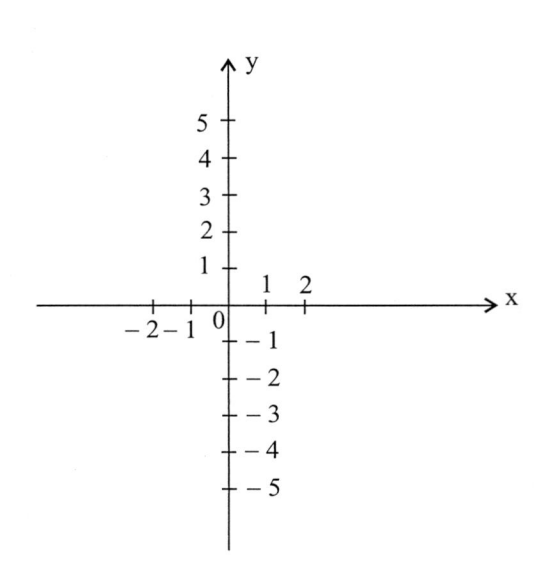

x	y
−2	
−1	
0	
1	
2	

Observação: A função y = 2x − 1 é crescente.

b) y = −2x + 1

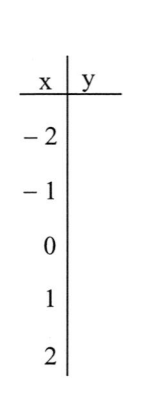

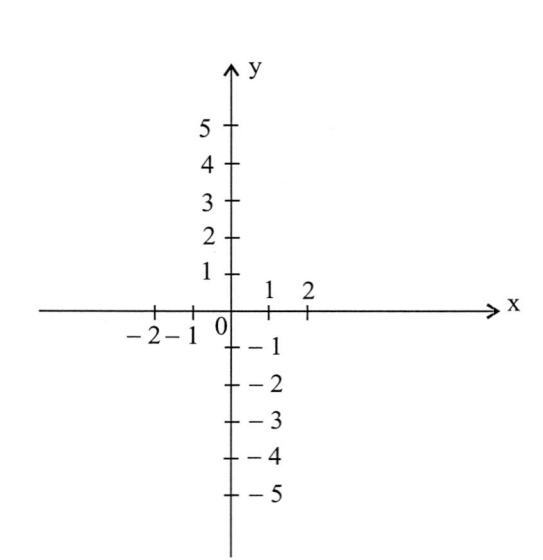

x	y
−2	
−1	
0	
1	
2	

Observação: A função y = −2x + 1 é decrescente.

Como toda função do 1º grau (y = ax + b) tem sua representação gráfica dada por uma reta, bastam dois pontos para definir esta reta. Assim utilizaremos agora um outro método para construção do gráfico da função do 1º grau. Encontrando apenas seus interceptos nos eixos x e y.

2º método: Através dos interceptos:

a) y = 2x – 1

Intercepto em x $\Rightarrow$ y = 0 $\Rightarrow$ y = 2x – 1

Intercepto em y $\Rightarrow$ x = 0 $\Rightarrow$ y = 2x – 1

Assim

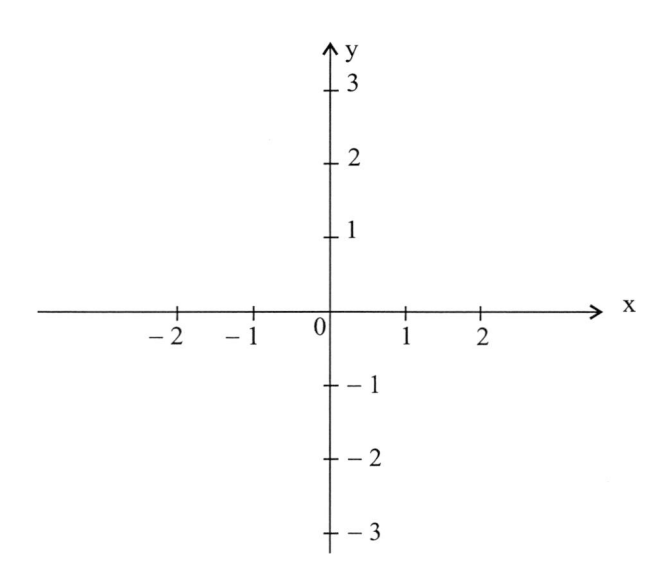

Observação: A função y = 2x + 1 é crescente.

b) y = – 2x + 1

Intercepto em x $\Rightarrow$ y = 0 $\Rightarrow$ y = – 2x + 1

Intercepto em y $\Rightarrow$ x = 0 $\Rightarrow$ y = – 2x + 1

Assim:

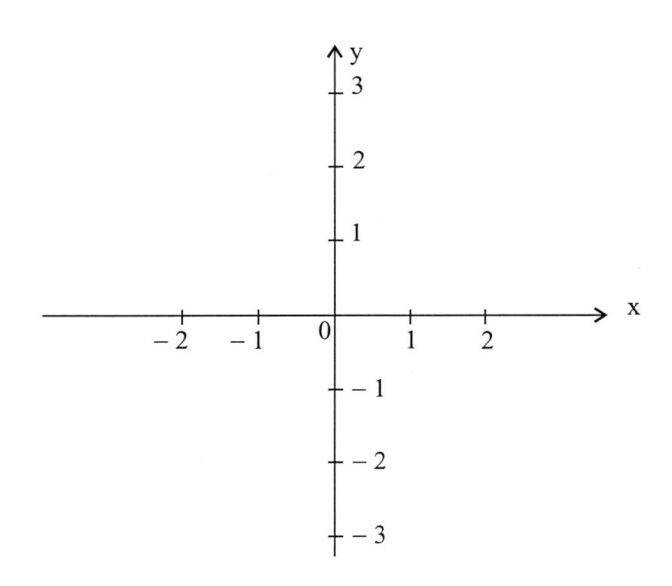

Observação: A função y = – 2x + 1 é decrescente.

Algumas conclusões:

1– Para saber se a função terá uma representação gráfica crescente basta olhar o sinal de seu coeficiente angular (a):

Na função **f(x) = ax + b , se a > 0 ⇒ f(x) é crescente**.

se a < 0 ⇒ f(x) é decrescente.

2 – O intercepto em y (x = 0) é dado pelo ponto Q (0, b) , com x = 0 e y = b.

3 – O intercepto em x (y = 0) também é chamado de raiz da função e é dado pelo ponto $P\left(-\dfrac{b}{a}, 0\right)$ com

$x = -\dfrac{b}{a}$ e y = 0 . Observe:

y = ax + b , se y = 0 teremos:

ax + b = 0

ax = – b

$x = -\dfrac{b}{a}$

Generalizando teremos:

f(x) = ax + b

  com a > 0 ⇒ f(x) é crescente   com a < 0 ⇒ f(x) é decrescente.

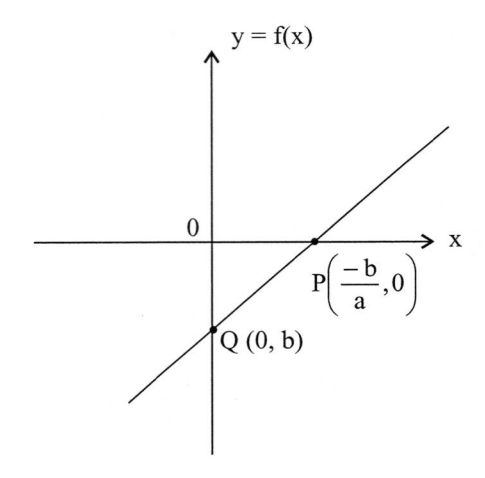

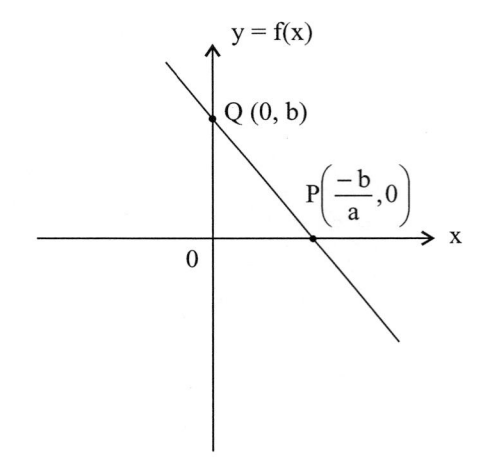

148. Fazer o gráfico das funções y = f(x) de IR em IR:

a) y = x – 2

b) f(x) = – 3x + 9

c) y = 2x + 5

d) y = – x – 3

e) y = – 2

f) f(x) = 3x

g) f(x) = – 2x

h) f(x) = – 4x + 5

i) f(x) = 4

j) y = 3x – 6

149. Fazer o gráfico das funções y = f (x) de IR em IR em cada caso a seguir:

a) $y = 3 - 2x$

b) $f(x) = -4 + 2x$

c) $y = -3x + 8$

d) $y = -2 + 4x$

e) $f(x) = -4 + \dfrac{3x}{2}$

f) $y = 3$

g) $f(x) = -2x + 6$

h) $y = -3x$

i) $f(x) = -4x + \dfrac{1}{3}$

j) $y = -2$

150. Fazer o estudo do sinal das seguintes funções y = f (x) definidas em IR.

a) $y = x - 2$

b) $y = -x - 3$

c) $y = 2x + 5$

d) $f(x) = 1 - 3x$

e) $f(x) = x$

f) $y = -x$

g) $f(x) = 2x$

h) $y = -5x$

i) $y = 3$

j) $f(x) = -2$

151. Fazer o esboço do gráfico e a variação de sinal de cada função y = f (x) definidas em IR:

a) $y = 2x - 3$

b) $f(x) = -5x$

c) $y = 3x$

d) $y = -x + 5$

e) $f(x) = -3 + x$

f) $y = 2$

g) $f(x) = -2x$

h) $y = -3$

i) $f(x) = -6 + 2x$

j) $y = -3 - x$

152. Dizer qual é o coeficiente linear e qual o coeficiente angular de cada uma das funções de 1º grau a seguir:

a) $y = 2x - 3$

b) $f(x) = -3x + 4$

c) $y = \dfrac{1}{2}x - 1$

d) $f(x) = -3x$

e) $y = 8x$

f) $f(x) = \dfrac{1}{2}x + 5$

g) $y = \dfrac{3x - 2}{2}$

h) $f(x) = \dfrac{2x - 5}{3}$

153. Observe o exemplo e a seguir encontre os interceptos de cada uma das funções abaixo:

a) $y = 2x + 6$ $\begin{cases} \text{intercepto em y } (x = 0): y = 2x + 6 \Rightarrow y = 2.0 + 6 \Rightarrow y = 6 \Rightarrow (0,6) \\ \text{intercepto em x } (y = 0): y = 2x + 6 \Rightarrow 2x + 6 = 0 \Rightarrow 2x = -6 \Rightarrow x = -3 \Rightarrow (-3,0) \end{cases}$

b) $f(x) = 3x - 2$

c) y = 2x − 4

d) y = 7x + 5

e) f(x) = − 3x + 1

154. Dada a função f (x) = 2x − 3 , encontre os pares ordenados desta função de modo que:

a) x = 1

b) x = − 2

c) x = $\frac{1}{2}$

d) x = $\frac{3}{2}$

e) x = $\frac{3}{4}$

f) y = 7

g) f(x) = 2

h) f(x) = − 3

i) y = 1

j) y = − 2

155. Em cada um dos casos abaixo é dada a representação gráfica de uma função do 1º grau f(x) = ax + b. Determine o sinal do coeficiente linear (b) e o sinal do coeficiente angular (a).

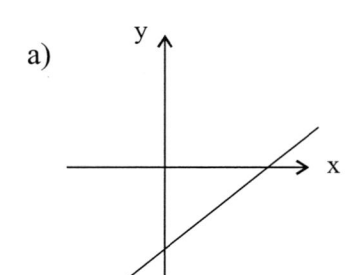

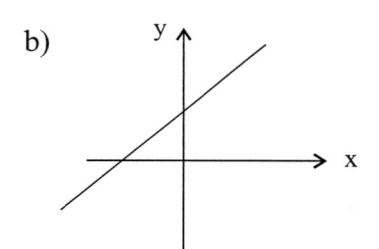

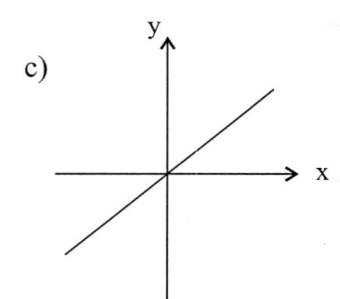

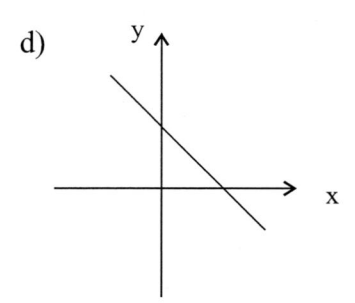

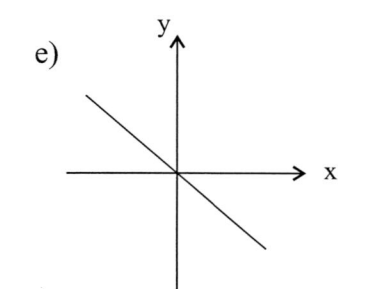

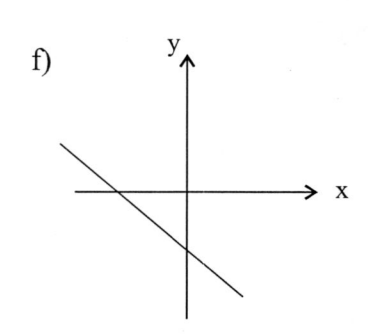

a)

b)

c)

d)

e)

f)

156. Fazer o gráfico das funções do 1º grau a seguir, através dos interceptos:

a) $f(x) = 2x - 4$

b) $y = x + 3$

c) $f(x) = -2x + 4$

d) $y = -x - 2$

e) $y = 2x - 3$

f) $f(x) = -3x - 4$

157. Fazer o estudo de sinal gráfico de cada uma das funções abaixo:

a) $f(x) = 4x - 2$

b) $y = -x - 5$

c) $y = x + 4$

d) $f(x) = -3x + 6$

e) $y = -2x + 7$

f) $f(x) = 2x + 5$

158. Fazer o gráfico e o estudo gráfico de sinal de cada uma das funções a seguir:

a) $y = -3x$

b) $y = -\dfrac{2x}{5}$

c) $f(x) = 3x + 2$

d) $f(x) = 2x$

e) $y = \dfrac{3x}{4}$

f) $f(x) = -2x + 3$

159. Fazer uma análise gráfica que mostre a variação de sinal da função $y = f(x)$ nos casos:

a) $f(x) = 2x - 6$

b) $y = -3x + 6$

c) $y = x - 5$

d) $f(x) = 9 + 3x$

e) $y = \dfrac{1}{2} - 2x$

f) $y = -2x$

g) $f(x) = 7 - 2x$

h) $y = 3x$

i) $f(x) = -3$

j) $y = 2$

160. Dada a função $f(x) = \dfrac{1 - 2x}{3}$, pede-se:

a) $f(-1)$

b) $f(2)$

c) o gráfico de $f(x)$.

161. Fazer o gráfico de $y = \dfrac{1 - 3x}{2}$.

162. Dadas as funções y = 2x − 1 e f (x) = x + 1 , pede-se:

a) representar num mesmo sistema cartesiano seus gráficos.

b) resolver o sistema de equações $\begin{cases} y = 2x - 1 \\ y = x + 1 \end{cases}$

Observação:

163. Resolva o sistema $\begin{cases} y = 3x - 2 \\ y = 5x + 2 \end{cases}$

164. Resolva o sistema $\begin{cases} f(x) = 2x + 2 \\ f(x) = 3x \end{cases}$

165. Sabendo-se que uma função do 1º grau f(x) = ax + b passa pelos pontos (1, − 1) e (2, 1) determine a função f(x).

166. Obter a reta y = ax + b que passa pelos pontos (1, 0) e (2, − 2).

167. Obter a reta y = ax + b que passa pelos pontos A (1, 1) e B (0, 2).

168. Sabendo que a função f (x) = ax + b é tal que f (– 1) = – 1 e f (5) = – 1, pede-se:
a) os valores de a e b.
b) o gráfico de f.

169. Determine a função do 1º grau cujo gráfico é:

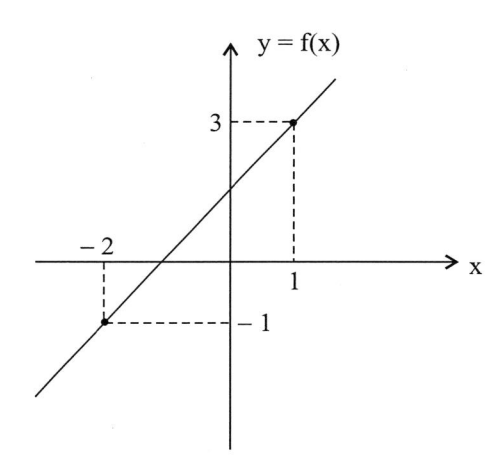

170. Determinar a função do 1º grau cujo gráfico é uma reta passando pelos pontos (2, 5) e (0, – 1).

171. Determinar a função do 1º grau cujo gráfico é:

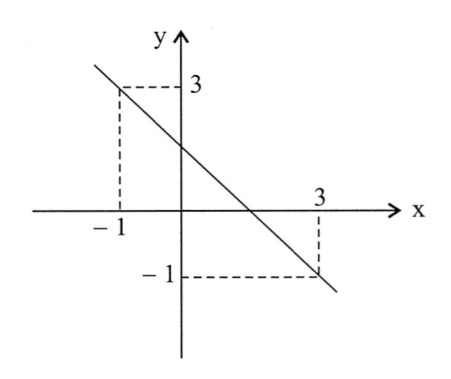

172. Se os pares (1, 1) e (−1, −1) são elementos de uma função do 1º grau, determine o coeficiente angular (a) e o coeficiente linear (b) desta função.

173. Encontre, em cada caso, os valores de x tais que $f(x) \geq 0$.

a) $f(x) = 2x - 3$

b) $f(x) = -x + 3$

c) $f(x) = -4x + 5$

d) $f(x) = 2 + 5x$

e) $f(x) = 3x - 9$

f) $f(x)\ 8 - 2x$

g) $f(x) = 4 + 3x$

h) $f(x) = 5x - 7$

174. Encontre, em cada caso, os valores de x tais que $f(x) < 0$.

a) $y = 2x + 1$

b) $f(x) = 4x - 2$

c) $y = 2x - 1$

d) $f(x) = -3 - 2x$

e) $f(x) = -3x$

f) $f(x) = 2x$

g) $f(x) = -2 + 5x$

h) $y = -3 - 6x$

Inequações do 1º grau

Chamamos de inequações do 1º grau, toda inequação redutível às formas:

$ax + b > 0$

$ax + b \geq 0$

$ax + b < 0$

$ax + b \leq 0$, onde $a, b \in \mathbb{R}$ e $a \neq 0$.

Para resolvermos uma inequação do 1º grau basta isolar o x usando convenientemente as propriedades das desigualdades.

Exemplo:

$3x - 4 \geq 5x + 6$

$3x - 5x \geq 6 + 4$

$-2x \geq 10 \qquad (-1)$

$2x \leq -10$

$x \leq -\dfrac{10}{2}$

$x \leq -5$

A solução será: $S = \{x \in \mathbb{R} / x \leq -5\}$

175. Resolver as seguintes inequações do 1º grau.

a) $5x + 50 < 4x + 56$

b) $18x + 4 \geq 34x - 4$

c) $7x - 21 > 9(x + 1) - 38$

d) $2x - 3 \leq 4(x - 2) + 3$

e) $3(x - 2) \geq x(x - 1) - x^2$

f) $3x(x + 1) - x^2 < 2x^2 + x - 3$

176. Resolver as seguintes inequações do 1º grau.

a) $\dfrac{4 + x}{8} - \dfrac{x}{24} \leq \dfrac{1}{3}$

b) $\dfrac{1}{2} - \dfrac{2x-7}{21} > \dfrac{x-15}{4} - \dfrac{3x}{14}$

c) $\dfrac{x+3}{2} - \dfrac{2x+1}{3} < \dfrac{x+5}{3}$

177. Resolver as inequações:

a) $2x - 3 < x - 7$

b) $3x + 1 \leq 15 - 4x$

c) $2x - 8 > 4x + 16$

d) $x^2 - 7x - 1 > 1 - 5x + x^2$

e) $2(3x - 1) - 3(2x - 3) \leq 2(x + 1) - 7$

f) $14 + (x - 2) - [6 - (6x - 12)] > x$

g) $(2x-3)(4x-1) \leq 4(2x+3)(x-1)-3$

h) $(x-2)^2 - x(x-1) \geq 1-2x$

i) $3(x+1)(x-1) - 2(x+1)(x^2-x+1) < 3(x-2)^2 - 2x^3 + x - 1$

178. Resolva as inequações.

a) $2x(x-2) + 3 \geq 2x^2 - 5x + 1$

b) $3(x-2) + (x-1)(x+2) \leq x^2 - 7x + 3$

c) $3(x-1)^2 + 2x - 5 \leq 3x^2 + 2x - 6$

d) $(x-3)^2 - x(x+3) - 2 \geq 3x + 1$

e) $3(x-1)(x+2) - 4(x+2)(x-1) \leq 4 - 2x - x^2$

179. Resolva as inequações.

a) $2x(x+1)(3x-2) + 3x - 8 \geq 6x(x^2-3) + 2x^2 - 1$

b) $(2x+1)(x-2) - 3x(x+3) - 1 < 2x + 3 - x^2$

c) $(2x+1)(2x-1) - 3x(x+1) + x^2 > 2x^2 - 4x + 6$

d) $3(x-2)(x+2) + 5(x-1)(3-x) + 2x^2 > 0$

e) $6x(x-2)(x+6) - 13x(x-2) \leq 7x(x-2) + 2x$

Função do 2º grau

Chamamos de função de 2º grau ou função quadrática toda função do tipo $f(x) = ax^2 + bx + c$, com $a \in IR^*$, $b, c \in IR$.

Os pontos em que o gráfico de $f(x) = ax^2 + bx + c$ intercepta o eixo x correspondem aos valores de x para os quais $f(x) = 0$, ou seja, são **as raízes da equação do 2º grau** $ax^2 + bx + c = 0$.

Para obtermos estas raízes basta resolver a equação do 2º grau $ax^2 + bx + c = 0$, podemos fazer isto através de fatoração ou utilizando a Fórmula de Baskhara.

Quando resolvemos esta equação utilizando a Fórmula de Baskhara, devemos inicialmente calcular o discriminante $\Delta = b^2 - 4ac$.

Observe os exemplos:

Exemplo 1: Achar os pontos de intersecção do gráfico de $f(x) = 2x^2 + 3x - 2$, com o eixo x.

$2x^2 + 3x - 2 = 0$

$\Delta = 3^2 - 4.2.(-2)$

$\Delta = 9 + 16$

$\Delta = 25$

$x = \dfrac{-3 \pm \sqrt{25}}{2.2}$

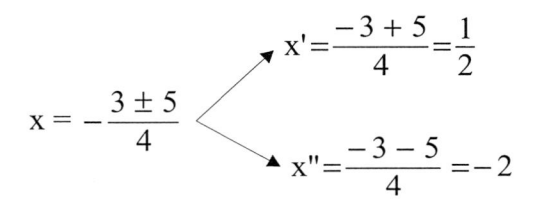

$x = \dfrac{-3 \pm 5}{4}$

$x' = \dfrac{-3 + 5}{4} = \dfrac{1}{2}$

$x'' = \dfrac{-3 - 5}{4} = -2$

Assim teremos os pontos $\left(\dfrac{1}{2}, 0\right)$ e $(-2, 0)$ onde $\dfrac{1}{2}$ e -2 são as raízes da função $f(x) = 2x^2 + 3x - 2$.

Exemplo 2: Achar os pontos de intersecção do gráfico de $f(x) = x^2 - 10x + 25$ com o eixo x.

$x^2 - 10x + 25 = 0$

$\Delta = (-10)^2 - 4.1.25$

$\Delta = 100 - 100$

$\Delta = 0$

$x = \dfrac{10 \pm \sqrt{0}}{2} \Rightarrow x' = x'' = \dfrac{10}{2} = 5$

Assim os pontos serão coincidentes em $(5, 0)$, onde 5 é raiz dupla da função $f(x) = x^2 - 10x + 25$.

Exemplo 3: Achar os pontos de intersecção do gráfico de $f(x) = 3x^2 - 2x + 1$ com o eixo x.

$3x^2 - 2x + 1 = 0$

$\Delta = (-2)^2 - 4.3.1$

$\Delta = 4 - 12$

$\Delta = -8$

Com $\sqrt{\Delta} = \sqrt{-8} \notin IR$ não teremos raízes reais para a função $f(x) = 3x^2 - 2x + 1$, ou seja, o gráfico desta função não toca o eixo x.

Conclusão: Se $\Delta > 0 \Rightarrow$

Se $\Delta = 0 \Rightarrow$

Se $\Delta < 0 \Rightarrow$

180. Resolver em IR as equações do 2º grau.

a) $x^2 - 4x + 3 = 0$

b) $2x^2 - 4x + 2 = 0$

c) $-x^2 + x + 2 = 0$

d) $x^2 - 2x = 0$

e) $3x^2 - 27 = 0$

f) $2x^2 - 5x + 4 = 0$

181. Obter os valores de x para os quais a função $f(x) = 2x^2 - 5x + 3$ se anula.

182. Achar, se existirem, as raízes reais das funções:

a) $f(x) = x^2 - 7x + 12$

b) $y = x^2 - 6x + 9$

c) $f(x) = x^2 - 5x$

d) $f(x) = 2x^2 - x + 1$

e) $f(x) = x^2 - 17x + 66$

f) $y = x^2 - 9$

183. Determine as raízes reais de:

a) $f(x) = 3x^2 - x + 4$

b) $y = -x^2 - x + 2$

184. Diga em cada função a seguir se ela admite ou não raízes reais.

a) $f(x) = 2x^2 - 3x - 8$

b) $y = x^2 - 4x + 7$

c) $f(x) = 3x^2 - 9x + 6$

d) $y = 4x^2 - 4x + 1$

e) $y = 3x^2 + 15x + 18$

f) $f(x) = x^2 - 2x + 6$

185. Classifique as raízes das funções a seguir em reais distintas, reais iguais ou não reais.

a) $f(x) = 3x - 2 + x^2$

b) $y = 9x^2 - 6x + 1$

c) $y = 2x^2 - 8$

d) $y = 3x^2 + 2x + 2$

e) $f(x) = -2x^2 + 3x + 1$

f) $f(x) = -2x + 3x^2$

186. Determinaar os valores reais de **K** para os quais a função do 2º grau $f(x) = x^2 - 4x - K$ admita raízes reais.

187. Determinar os valores de **m** para os quais a função $y = x^2 - 2x + (m + 1)$ admita raízes reais.

188. Determinar os valores de **m** para os quais a função $f(x) = 2x^2 + x - (2m - 3)$ admita raízes reais e distintas.

189. Determinar os valores de m para os quais a função $f(x) = 3x^2 - 2x + m - 3$ admita raízes reais e iguais.

190. Determine **m** de modo que as funções a seguir admitam raízes reais e iguais.

a) $f(x) = x^2 - mx + m^2 - 2m + 1$

b) $f(x) = 3x^2 + mx + m - 1$

191. Determine os valores de **m** de modo que as funções a seguir admitam raízes reais.

a) $y = 4x^2 - 4mx + m^2 - 4m$

b) $f(x) = 9x^2 - 6mx + m^2 - 3m + 5$

Valor Númerico de uma função

Toda função pode assumir valores numéricos diferentes correspondentes a cada valor de x assumido. Observe:

Seja a função quadrática $f(x) = 3x^2 - 2x + 1$ calcule:

$f(1)$ e $f(3)$

Para calcular $f(1)$ substituímos x por 1:

$f(x) = 3x^2 - 2x + 1$

$f(1) = 3.1^2 - 2.1 + 1$

$f(1) = 3 - 2 + 1$

$f(1) = 2$

O mesmo procedimento para $f(3)$.

$f(x) = 3x^2 - 2x + 1$

$f(3) = 3.3^2 - 2.3 + 1$

$f(3) = 27 - 6 + 1$

$f(3) = 22$

192. Calcular o valor numérico pedido em cada função a seguir:

a) $f(x) = 2x^2 - 3x + 1$, determine

$f(0)$ $\qquad$ $f(1)$ $\qquad$ $f(5)$

b) $f(x) = -2x^2 + 3x + 5$, determine

$f(1)$ $\qquad$ $f(-3)$ $\qquad$ $f\left(\dfrac{1}{2}\right)$

193. Sendo $f(x) = -2x^2 + x + 3$, calcule $f(-1)$, $f(2)$, $f(0)$ e $f\left(\dfrac{1}{2}\right)$.

194. Sendo $f(x) = x^2 - 5x$, calcular $f(1)$, $f(0)$, $f(5)$ e $f(\sqrt{2})$.

195. Sendo $f(x) = \dfrac{2x^2}{3} + 3x - \dfrac{1}{2}$, calcule $f(2)$, $f\left(-\dfrac{1}{2}\right)$, $f(0)$ e $f(3)$.

Forma Fatorada da função do 2º grau

Toda função do 2º grau $f(x) = ax^2 + bx + c$ pode ser decomposta em dois fatores do 1º grau. Vamos estudar apenas as funções que tiverem raízes reais ($\Delta \geq 0$).
Como $\Delta \geq 0$ temos:

$ax^2 + bx + c = 0$ se α_1 e α_2 são suas raízes teremos

$\alpha_1 + \alpha_2 = -\dfrac{b}{a}$

$\alpha_1 \cdot \alpha_2 = \dfrac{c}{a}$ 　　　　Assim:

$ax^2 + bx + c = 0$ 　　　　Colocando "a" em evidência:

$a\left(x^2 + \dfrac{b}{a}x + \dfrac{c}{a}\right) = 0$ 　　Como $\dfrac{b}{a} = -(\alpha_1 + \alpha_2)$ e $\dfrac{c}{a} = \alpha_1 \cdot \alpha_2$

$a[x^2 - (\alpha_1 + \alpha_2)x + \alpha_1 \cdot \alpha_2] = 0$

$a[x^2 - \alpha_1 x - \alpha_2 x + \alpha_1 \cdot \alpha_2] = 0$

$a[x(x - \alpha_1) - \alpha_2(x - \alpha_1)] = 0$

$a(x - \alpha_1)(x - \alpha_2) = 0$

Assim teremos a forma fatorada da função do 2º grau:

$f(x) = ax^2 + bx + c \Rightarrow f(x) = a(x - \alpha_1)(x - \alpha_2)$, onde α_1 e α_2 são as raízes de $f(x)$.

196. Decompor cada função em fatores de 1º grau.

a) $f(x) = x^2 - 7x + 12$

b) $f(x) = -2x^2 + 5x + 3$

c) $f(x) = 4x^2 - 3x - 1$

d) $f(x) = 3x^2 - 4x + 1$

e) $f(x) = 12x^2 - x - 1$

197. Decompor as funções a seguir em fatores do 1º grau:

a) $f(x) = x^2 - 9x + 18$

b) $f(x) = x^2 + 3x - 28$

c) $f(x) = 3x^2 - 21x + 36$

d) $f(x) = 2x^2 - 12x + 18$

e) $f(x) = 2x^2 - 3x - 2$

f) $f(x) = 6x^2 - 13x + 6$

g) $f(x) = 5x^2 + 12x + 4$

h) $f(x) = -4x^2 - 5x + 6$

198. Decomponha em fatores do 1º grau cada função a seguir:

a) $f(x) = x^2 - 5x + 6$

b) $f(x) = x^2 - 7x + 10$

c) $f(x) = x^2 + 4x + 3$

d) $f(x) = x^2 - 4x - 5$

e) $f(x) = x^2 + 10x + 21$

f) $f(x) = 2x^2 + 12x + 18$

g) $f(x) = 2x^2 - 2x - 12$

h) $f(x) = x^2 + x - 12$

i) $f(x) = x^2 - 6x + 5$

j) $f(x) = 3x^2 + 6x - 9$

199. Ajudado pelos resultados do exercícios anterior simplifique as frações:

a) $\dfrac{x^2 - 5x + 6}{x^2 - 7x + 10}$

b) $\dfrac{x^2 + 4x + 3}{x^2 - 4x - 5}$

c) $\dfrac{x^2 + 10x + 21}{2x^2 + 12x + 18}$

d) $\dfrac{2x^2 - 2x - 12}{x^2 + x - 12}$

e) $\dfrac{x^2 - 6x + 5}{3x^2 + 6x - 9}$

200. Simplifique as frações:

a) $\dfrac{-2x^2 + 9x - 10}{3x^2 - 5x - 2}$

b) $\dfrac{3x^2 - 5x + 2}{4x^2 - 3x - 1}$

c) $\dfrac{-2x^2 - 5x - 3}{5x^2 + 4x - 1}$

d) $\dfrac{5x^2 + 12x + 4}{-4x^2 - 5x + 6}$

201. Simplifique a fração $\dfrac{4x^2 - 5x + 1}{4x^2 - 3x - 1}$

202. Dado o gráfico cartesiano de $f(x) = ax^2 + bx + c$, determine $f(x)$.

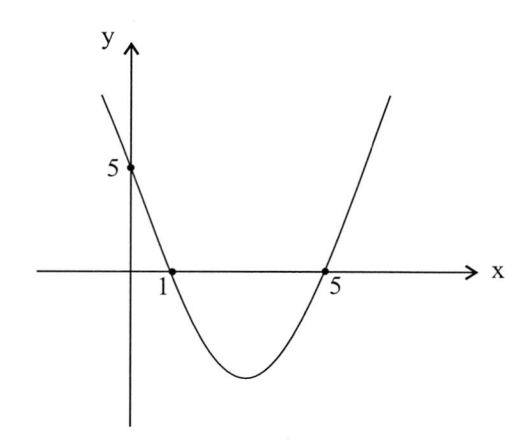

203. Dado o gráfico cartesiano de $f(x) = ax^2 + bx + c$, determine $f(x)$.

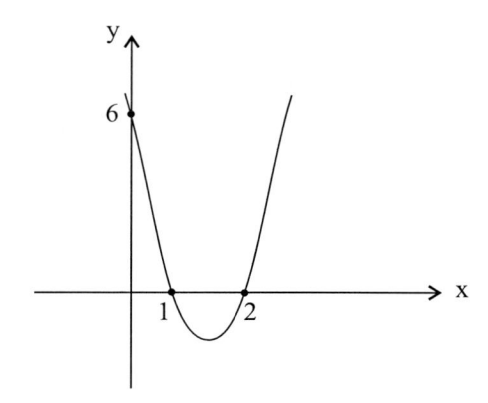

204. Dado o gráfico cartesiano de $f(x) = ax^2 + bx + c$, determine $f(x)$.

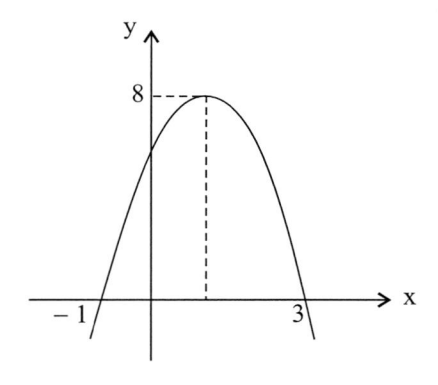

205. Dado o gráfico de uma função f do 2º grau, determine $f(x)$.

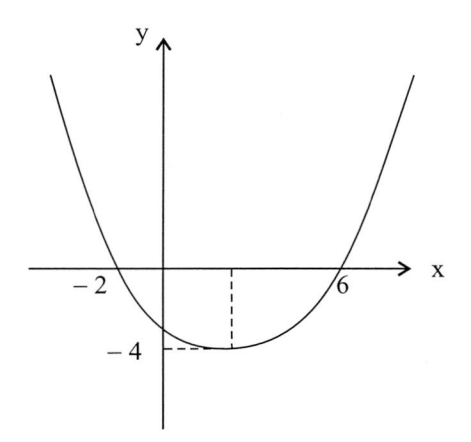

206. Dado o gráfico de uma função f(x) do 2º grau, determine f(x).

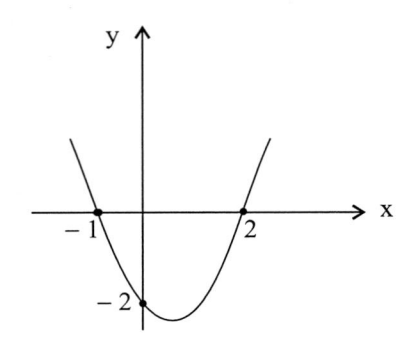

207. Determine f(x) do 2º grau, cujo gráfico está representado a seguir:

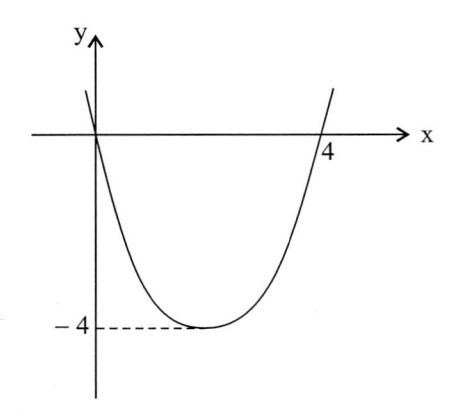

208. Determine f(x), do 2º grau, cujo gráfico está representado abaixo:

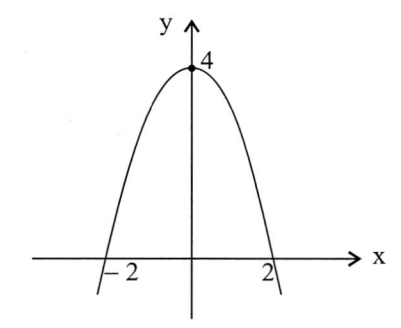

Representação gráfica da função do 2º grau.

A curva que representa o gráfico da função do 2º grau é uma parábola.

1) Concavidade da parábola que representa a função $f(x) = ax^2 + bx + c$.

O coeficiente **a** determina se a concavidade da parábola está voltada para cima ou para baixo.

se $a > 0$ $\Rightarrow$ a concavidade da parábola será voltada para cima.

se $a < 0$ $\Rightarrow$ a concavidade da parábola será voltada para baixo.

2) Raízes da função do 2º grau.

Observe as possíveis representações gráficas da função do 2º grau em função do coeficiente **a** e do discriminante **Δ**.

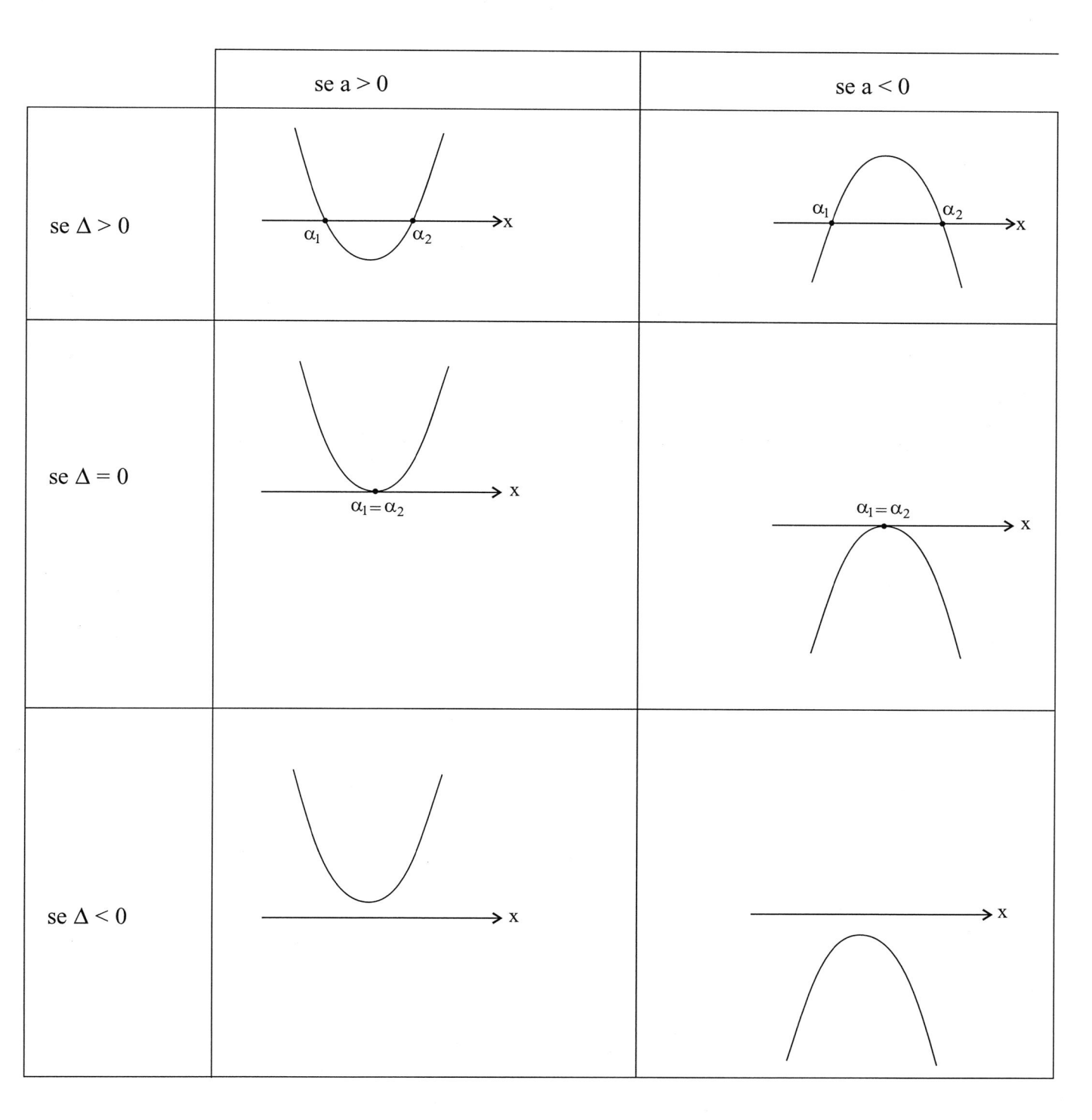

	se $a > 0$	se $a < 0$
se $\Delta > 0$	parábola com concavidade para cima cortando o eixo x em α_1 e α_2	parábola com concavidade para baixo cortando o eixo x em α_1 e α_2
se $\Delta = 0$	parábola com concavidade para cima tangente ao eixo x em $\alpha_1 = \alpha_2$	parábola com concavidade para baixo tangente ao eixo x em $\alpha_1 = \alpha_2$
se $\Delta < 0$	parábola com concavidade para cima acima do eixo x	parábola com concavidade para baixo abaixo do eixo x

3) Estudo da variação do sinal da função do 2º grau.

As **raízes** da função, também chamadas de **zeros da função**, determinam os valores de x para os quais a função se anula. Vamos estudar agora os valores de x para os quais a função assume valor numérico positivo ou negativo.
Complete a análise gráfica e analítica dos sinais de cada função representada abaixo:

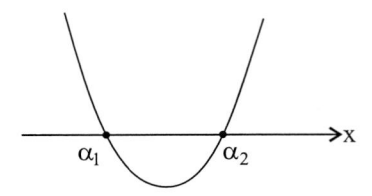

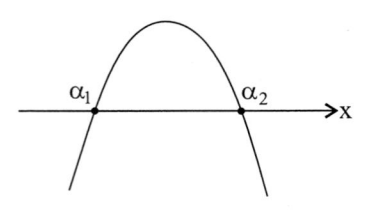

se $x < \alpha_1$ ou $x > \alpha_2$ $\Rightarrow$

se $\alpha_1 < x < \alpha_2$ $\Rightarrow$

se $x = \alpha_1$ ou $x = \alpha_2$ $\Rightarrow$

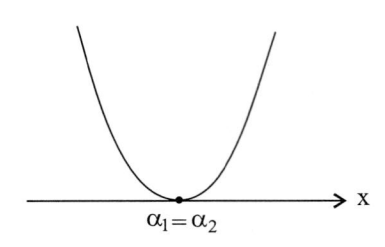

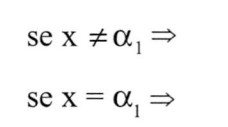

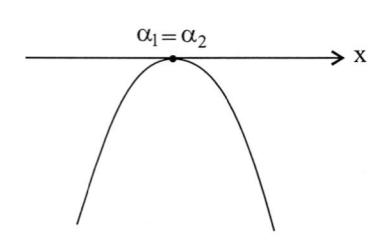

se $x < \alpha_1$ ou $x > \alpha_2$ $\Rightarrow$

se $\alpha_1 < x < \alpha_2$ $\Rightarrow$

se $x = \alpha_1$ ou $x = \alpha_2$ $\Rightarrow$

se $x \neq \alpha_1$ $\Rightarrow$

se $x = \alpha_1$ $\Rightarrow$

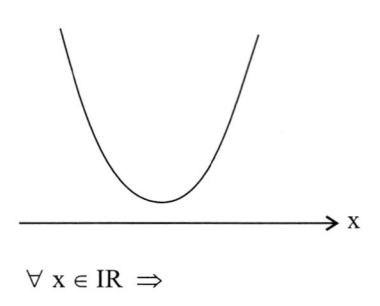

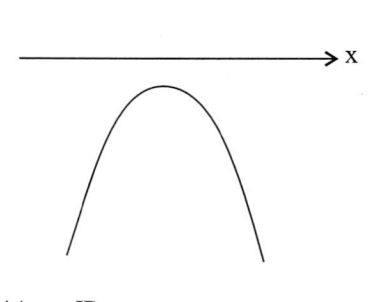

se $x \neq \alpha_1$ $\Rightarrow$

se $x = \alpha_1$ $\Rightarrow$

$\forall\ x \in \mathbb{R}$ $\Rightarrow$

$\forall\ x \in \mathbb{R}$ $\Rightarrow$

209. Diga em cada caso para que sentido está voltada a concavidade da parábola de cada função do 2º grau a seguir:

a) $y = 3x^2 - 2x + 1$

b) $f(x) = 3x - x^2 + 2$

c) $y = 2x^2 + 1$

d) $y = -x^2$

e) $f(x) = 4x^2 - 8$

f) $f(x) = -x^2 - x - 1$

g) $f(x) = 3 + x - x^2$

h) $f(x) = 2 - x + x^2$

i) $y = 5 - 3x^2$

j) $y = 2x^2$

210. Determine o valor de m para que a função $f(x) = (m-3)x^2 + 3mx + 2$ tenha como representação gráfica uma parábola com concavidade voltada para cima.

211. Determine k de modo que a função $y = 3 + 4kx - (k+5)x^2$ tenha como representação gráfica uma parábola com concavidade voltada para baixo.

212. Estude a variação do sinal da função $f(x) = x^2 + x + 1$.

213. Estude a variação do sinal da função $f(x) = x^2 - 6x + 9$.

214. Estude a variação do sinal da função $f(x) = x^2 - 6x - 7$.

215. Estude a variação do sinal de cada função a seguir.

a) $y = 3x^2 - 12x$

b) $f(x) = -6x^2 - 4x + 10$

c) $y = -4x^2 + 4x - 1$

d) $y = -4x^2 + 2x - 3$

e) $y = x^2 - 12x + 36$

f) $y = x^2 + 16x - 80$

216. Estude graficamente o sinal de cada uma das funções a seguir:

a) $y = 9x^2 - 30x + 25$

b) $y = 2x^2 - 5x + 8$

c) $f(x) = -x^2 + 8x - 7$

d) $y = x^2 - 7x + 10$

217. Estude graficamente a variação de sinal de cada função a seguir:

a) $y = 3x^2 - x + 8$

b) $f(x) = -7x^2 + x + 6$

c) $y = -x^2 + x - 8$

d) $y = -x^2 - 6x + 16$

218. Encontre as raízes (quando houver), e a seguir, faça o estudo gráfico da variação de sinais de cada função a seguir:

a) $y = -x^2 + x + 2$

b) $f(x) = 9x^2 - 6x + 1$

c) $y = 1 - x^2$

d) $y = x^2 + 3x$

e) $y = -4x^2$

f) $y = -2x^2 + x - 3$

g) $f(x) = -x^2 + 2x - 1$

h) $f(x) = x^2 - 3x + 4$

219. Em cada uma das funções a seguir, determine os valores de $x \in \mathbb{R}$ tais que $f(x) > 0$.

a) $f(x) = x^2 - 5x + 4$

b) $f(x) = x^2 - x + 5$

c) $f(x) = x^2 + 4x + 4$

d) $f(x) = -x^2 + x + 6$

220. Em cada uma dos funções a seguir, determine os valores de $x \in \mathbb{R}$ tais que $f(x) \leq 0$.

a) $f(x) = -4x^2 + 4x - 1$

c) $f(x) = 2x^2 - 3x$

b) $f(x) = -x^2 + x - 1$

d) $f(x) = 2x^2 + 3$

Características gráficas da função do 2º grau

Vamos construir o gráfico da função do 2º grau $y = x^2 - 5x + 6$

determinação das raízes:

determinação do intercepto em y:

determinação do vértice (sem fórmula):

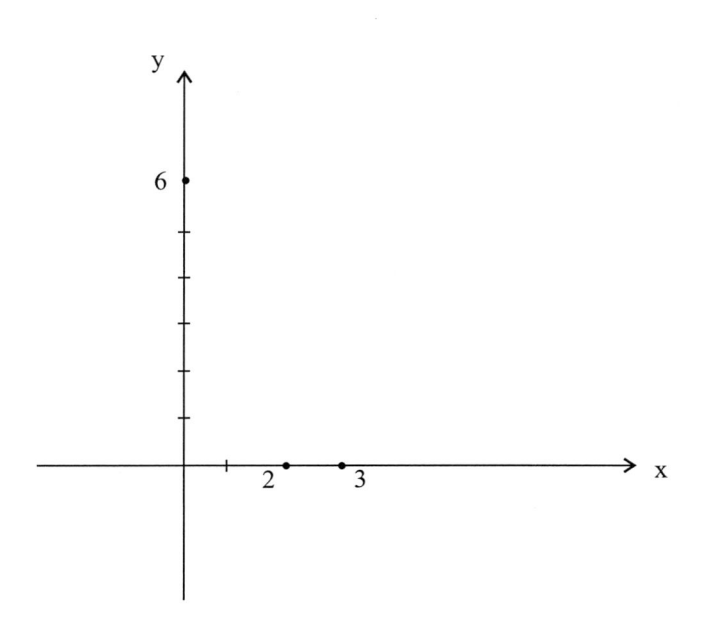

Fórmula para determinação das coordenadas do vértice.

$$x_v = \frac{\alpha_1 + \alpha_2}{2} \quad , \quad \alpha_1 = \frac{-b + \sqrt{\Delta}}{2a} \quad e \quad \alpha_2 = \frac{-b - \sqrt{\Delta}}{2a}$$

$$x_v = \frac{\frac{-b + \sqrt{\Delta}}{2a} + \frac{-b - \sqrt{\Delta}}{2a}}{2}$$

$$x_v = \frac{-b + \sqrt{\Delta} - b - \sqrt{\Delta}}{4a}$$

$$x_v = \frac{-2b}{4a}$$

$$\boxed{x_v = \frac{-b}{2a}}$$

$$y_v = ax^2 + bx + c$$

$$y_v = a\left(\frac{-b}{2a}\right)^2 + b\left(\frac{-b}{2a}\right) + c$$

$$y_v = \frac{ab^2}{4a^2} - \frac{b^2}{2a} + c$$

$$y_v = \frac{b^2}{4a} - \frac{b^2}{2a} + c$$

$$y_v = \frac{b^2 - 2b^2 + 4ac}{4a}$$

$$y_v = \frac{-b^2 + 4ac}{4a}$$

$$y_v = \frac{-(b^2 - 4ac)}{4a}$$

$$\boxed{y_v = \frac{-\Delta}{4a}}$$

Observação:

Genericamente temos:

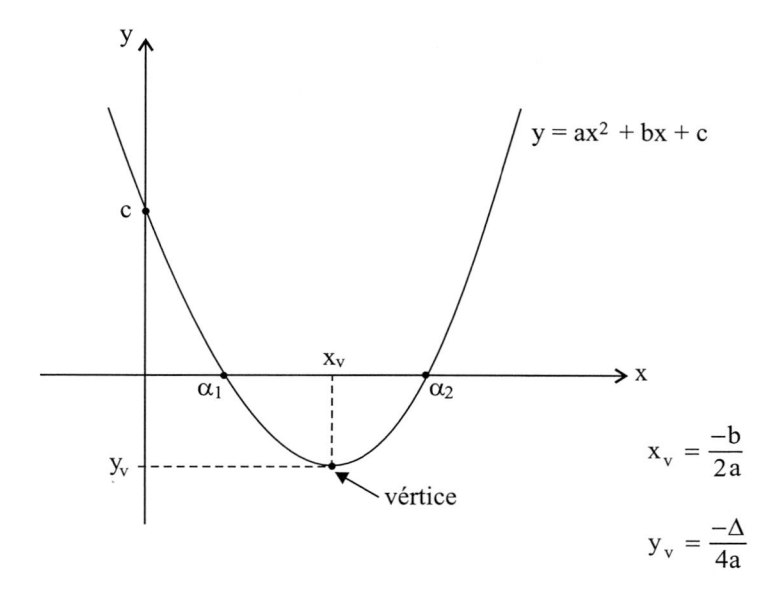

$$x_v = \frac{-b}{2a}$$

$$y_v = \frac{-\Delta}{4a}$$

with graph of $y = ax^2 + bx + c$ showing vertex at (x_v, y_v), roots α_1, α_2, and y-intercept c.

Domínio e Imagem da função do 2º grau

O domínio da função do 2º grau é sempre real.

A imagem da função do 2º grau é sempre limitada pelo valor do y_v, observe:

Exemplo 1:

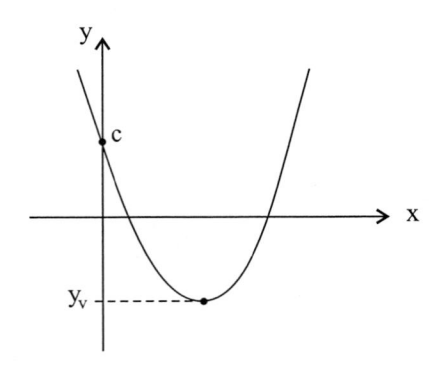

$D = \mathbb{R}$
$Im = \{y \in \mathbb{R} \,/\, y \geq y_v\}$

Exemplo 2:

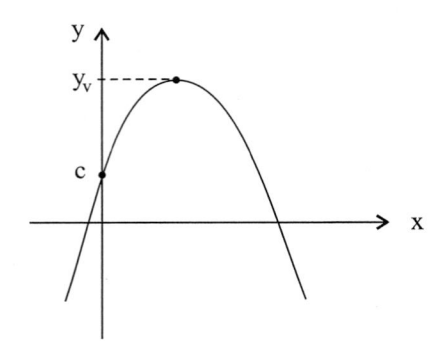

$D = \mathbb{R}$
$Im = \{y \in \mathbb{R} \,/\, y \leq y_v\}$

Conclusão:

221. Determine o conjunto imagem de cada uma das funções a seguir:

a) $f(x) = x^2 + x - 6$

b) $y = -x^2 + 4x - 4$

c) $y = 2x^2 + 7x - 4$

d) $y = -6x^2 + 2x$

e) $f(x) = x^2 - 9$

f) $f(x) = 2x^2 - 3x + 2$

g) $f(x) = -x^2 + 2x + 15$

h) $y = x^2 - 6x + 9$

222. Faça o gráfico da função $y = x^2 + 6x - 7$, identificando suas raízes (se houver), seu intercepto em y e seu vértice.

223. Faça o gráfico da função $f(x) = -2x^2 - 7x$.

224. Faça o gráfico da função $f(x) = -4x^2 + 24x - 36$

225. Faça o gráfico da função $y = 16x^2 - 8x + 1$

226. Faça o gráfico de $y = 2x^2 - x + 1$

227. Faça o gráfico de $f(x) = -x^2 + x - 2$

228. Determine o sinal de a, b, c e Δ na função representada a seguir:

a > 0
b < 0
c > 0
Δ > 0

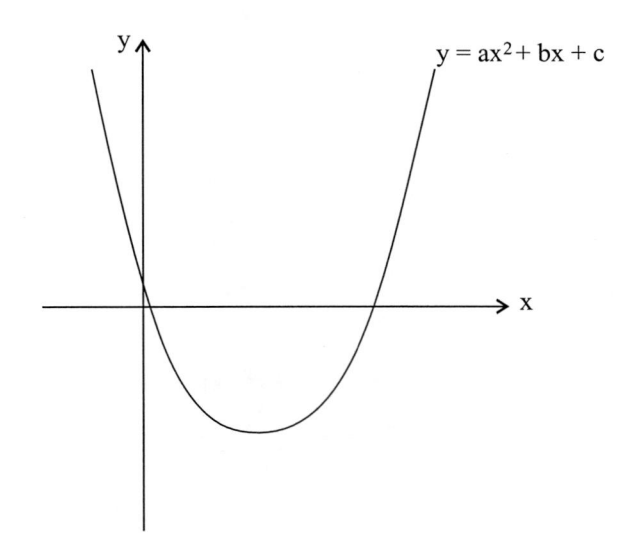

$y = ax^2 + bx + c$

229. Determine em cada caso o sinal de a, b, c e Δ de cada função $f(x) = ax^2 + bx + c$ representada a seguir:

a) 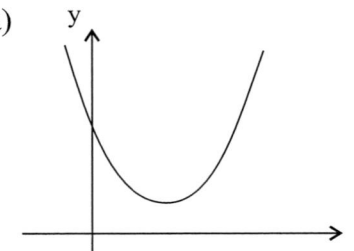
a > 0
b < 0
c > 0
Δ < 0

b) 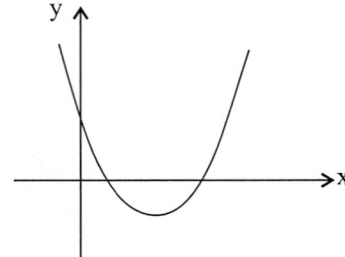
a > 0
b < 0
c < 0
Δ > 0

c) 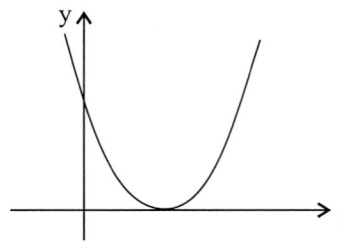
a > 0
b < 0
c > 0
Δ = 0

d) 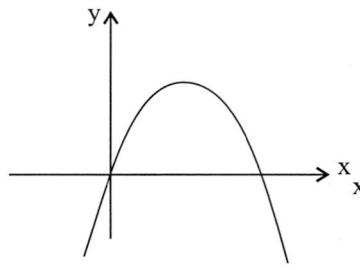
a < 0
b > 0
c < 0
Δ > 0

f) 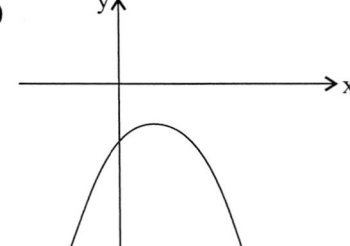
a < 0
b > 0
c < 0
Δ < 0

g) 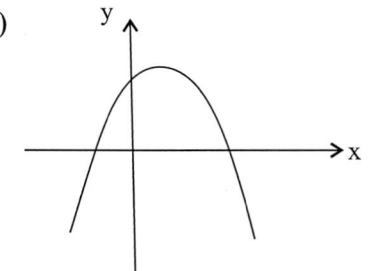
a < 0
b < 0
c > 0
Δ > 0

h) 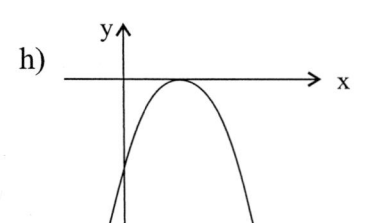
a < 0
b > 0
c > 0
Δ > 0

i) 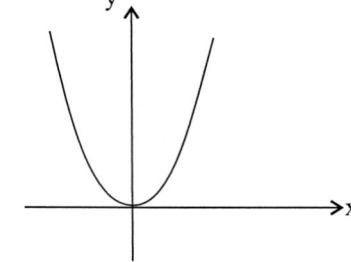
a > 0
b = 0
c = 0
Δ = 0

e)

a _____ 0
b _____ 0
c _____ 0
Δ _____ 0

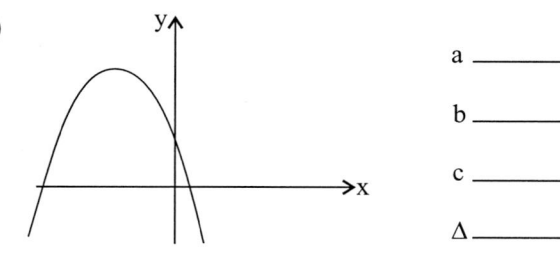

j)

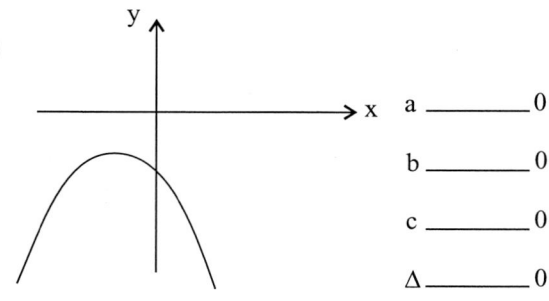

a _____ 0
b _____ 0
c _____ 0
Δ _____ 0

230. Dada a função $f(x) = x^2 - 2x - 8$ determine:

a) Suas raízes.

b) Seu intercepto no eixo y.

c) As coordenadas de seu vértice.

d) Seu valor mínimo.

e) Seu domínio.

f) Seu conjunto imagem.

g) Os valores de x onde $f(x) > 0$.

h) Os valores de x onde $f(x) \leq 0$.

231. Dada a função $f(x) = -x^2 - 4x + 12$ determine:

a) Suas raízes.

b) Seu intercepto no eixo y.

c) As coordenadas de seu vértice.

d) Seu valor máximo.

e) Seu domínio.

f) Sua imagem.

g) Os valores de x onde $f(x) \geq 0$.

h) Os valores de y onde $f(x) < 0$.

232. Determinar m de modo que a função do 2º grau $f(x)\ (2m+1)x^2 - 3x + 2$ admita valor máximo.

233. Determine m de modo que a função do 2º grau $f(x) = (1 - 3m)x^2 - x + m$ admita valor mínimo.

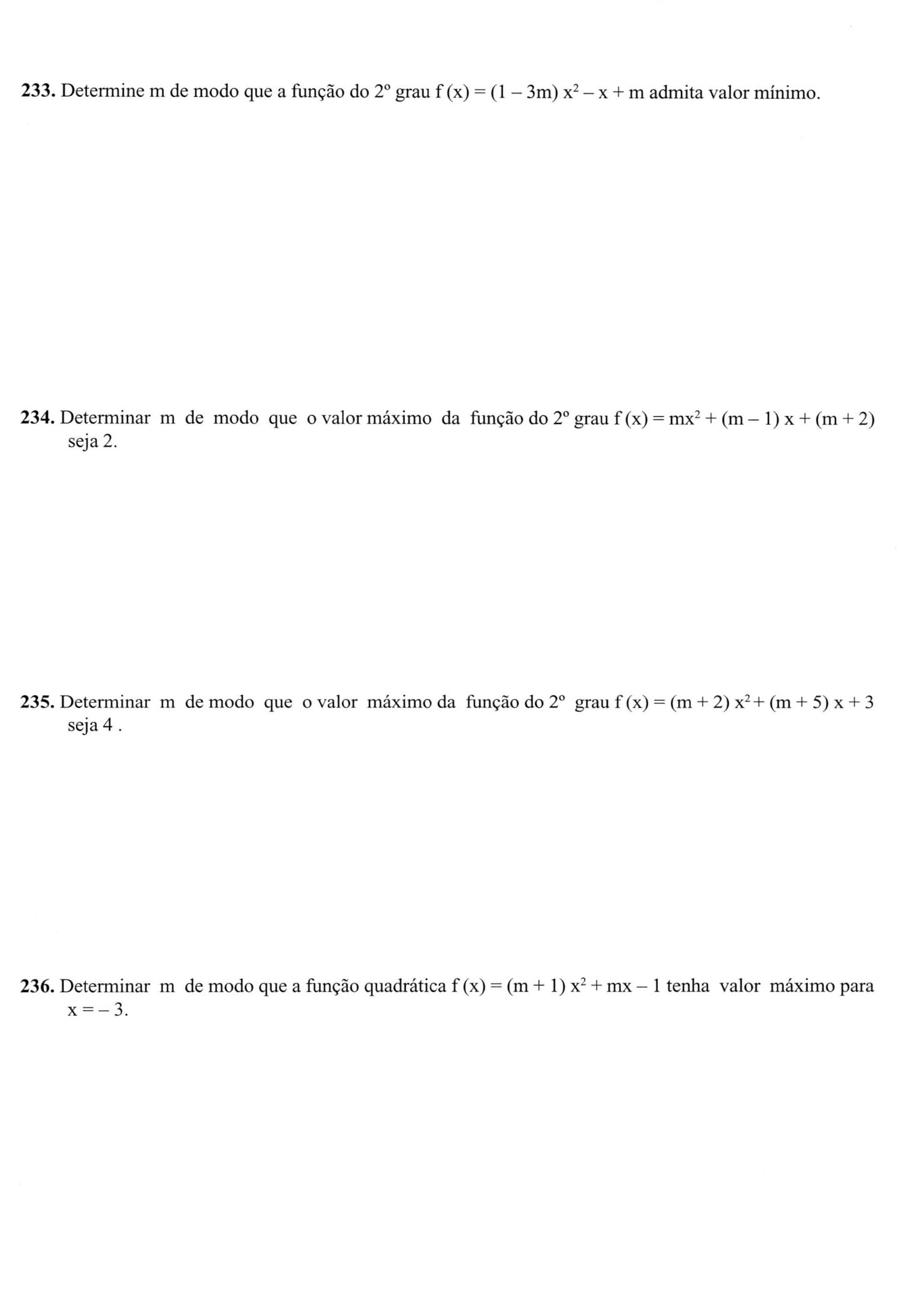

234. Determinar m de modo que o valor máximo da função do 2º grau $f(x) = mx^2 + (m-1)x + (m+2)$ seja 2.

235. Determinar m de modo que o valor máximo da função do 2º grau $f(x) = (m+2)x^2 + (m+5)x + 3$ seja 4.

236. Determinar m de modo que a função quadrática $f(x) = (m+1)x^2 + mx - 1$ tenha valor máximo para $x = -3$.

237. Determinar m de modo que a função f(x) = 2x² + (2m − 3) x + 1 tenha valor mínimo quando x = 2.

Inequações do 2º grau

Chamamos de inequações do 2º grau toda inequação redutível às formas:

$ax^2 + bx + c > 0$

$ax^2 + bx + c \geq 0$

$ax^2 + bx + c < 0$

$ax^2 + bx + c \leq 0$, onde $a, b, c \in \mathbb{R}$ e $a \neq 0$.

Para resolvermos uma inequação do 2º grau basta fazer um esboço gráfico desta função, conhecendo-se apenas suas raízes.

Observe o exemplo:

$x^2 + 6x + 5 > 0$ $x^2 + 6x + 5 = 0$

$(x + 1)(x + 5) = 0$

$x = -1$ ou $x = -5$

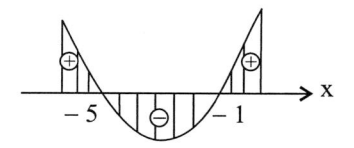

Como queremos os valores ≥ 0, teremos:

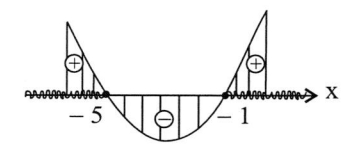

$S = \{x \in \mathbb{R} \ / \ x \leq -5 \text{ ou } x \geq -1\}$

Observação:

238. Resolver as inequações:

a) $x^2 - 3x - 4 < 0$ b) $x^2 - 4 > 0$

c) $-x^2 + 6x - 9 > 0$

d) $x^2 + 3x + 7 > 0$

239. Resolver as inequações:

a) $7x^2 < 3x$

c) $x^2 + 5 < 6x$

b) $x^2 < 49$

d) $5x^2 + 3x > 2$

240. Resolva as inequações:

a) $7x^2 - 6 < x$

d) $x^2 + 13 > 7x$

b) $2x - 5 \geq -3x^2$

e) $x^2 - 4x + 7 < 0$

c) $25 + 9x^2 > 30x$

f) $6x^2 + 7x + 2 > 0$

241. Resolver as seguintes inequações do 2º grau:

a) $x^2 + 2x - 8 < 0$

b) $x^2 - 10x + 25 \leq 0$

c) $x^2 - 1 \leq 0$

d) $x^2 + x + 1 \geq 0$

e) $x^2 - 8x + 16 > 0$

f) $-x^2 - 169 \geq 0$

g) $-4x^2 + 20x - 25 > 0$

h) $-3x^2 \geq 0$

i) $-2x^2 + 3x \geq 0$

j) $2x^2 - 3x - 2 > 0$

k) $x^2 + 9 \leq 0$

l) $x^2 - 2 < 0$

242. Resolver a inequação $\dfrac{x(x-1)}{3} - \dfrac{2(x-1)}{4} - \dfrac{x(x+1)}{6} < \dfrac{1-x^2}{2} + \dfrac{x^2+3}{4}$

243. Resolver a inequação:

$(3x-1)2 - (x+1)(x-1) - (x-1)2 > (2x-1)2 - (x+1)2 + 6x$

244. Resolver a inequação:

$(x-1)^3 - (x-1)(x^2+x+1) \leq 2(x-3)(x-2) - 3(x^2+2)$

245. Resolver a inequação:

$\dfrac{x-2}{3} - \dfrac{2x^2-3x}{2} - \dfrac{2x+1}{5} \geq \dfrac{x^2+2}{3} - \dfrac{3x+2}{2}$

246. Determinar o conjunto de valores de m para os quais $f(x) = mx^2 + 2(m-2)x + m^2$ é negativo quando $x = 1$.

247. Determinar m de modo que a equação do 2º grau $mx^2 + (m+1)x + (m+1) = 0$ admita raízes reais e distintas.

248. Determine os valores de m para que a função $f(x) = (m+1)x^2 + (2m+3)x + (m-1)$ não tenha raízes reais.

249. Determine os valores de m para que a equação do 2º grau $(m + 2)x^2 + (3 - 2m)x + (m - 1) = 0$ tenha raízes reais.

250. Determine os valores de m para que a função $f(x) = mx^2 + (m + 1)x + (m + 1)$ tenha raízes reais iguais.

251. Determine m de modo que a função quadrática $f(x) = mx^2 + (2m - 1)x + m + 1$ seja positiva para todo x real.

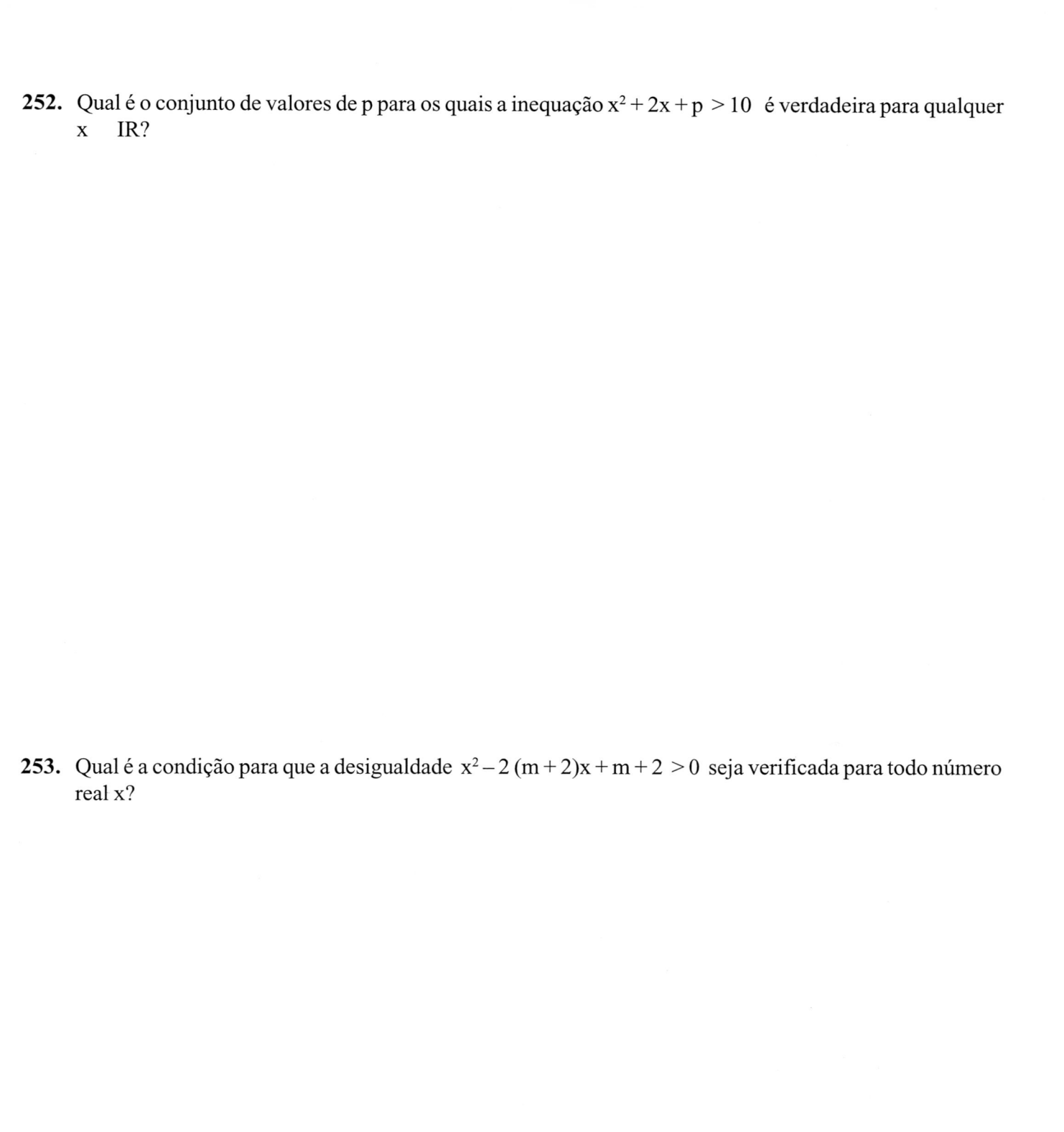

252. Qual é o conjunto de valores de p para os quais a inequação $x^2 + 2x + p > 10$ é verdadeira para qualquer $x \in \mathbb{R}$?

253. Qual é a condição para que a desigualdade $x^2 - 2(m+2)x + m + 2 > 0$ seja verificada para todo número real x?

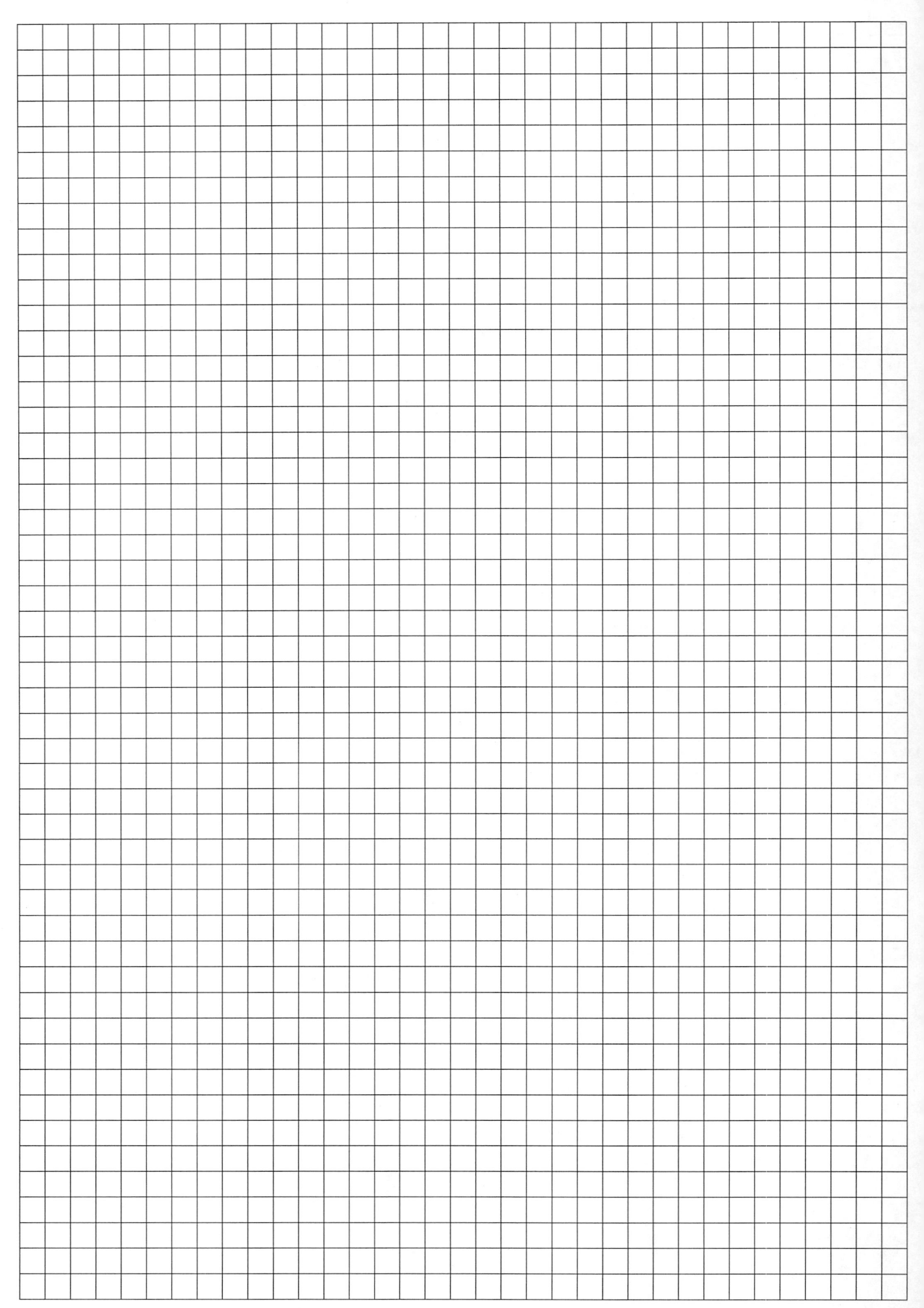

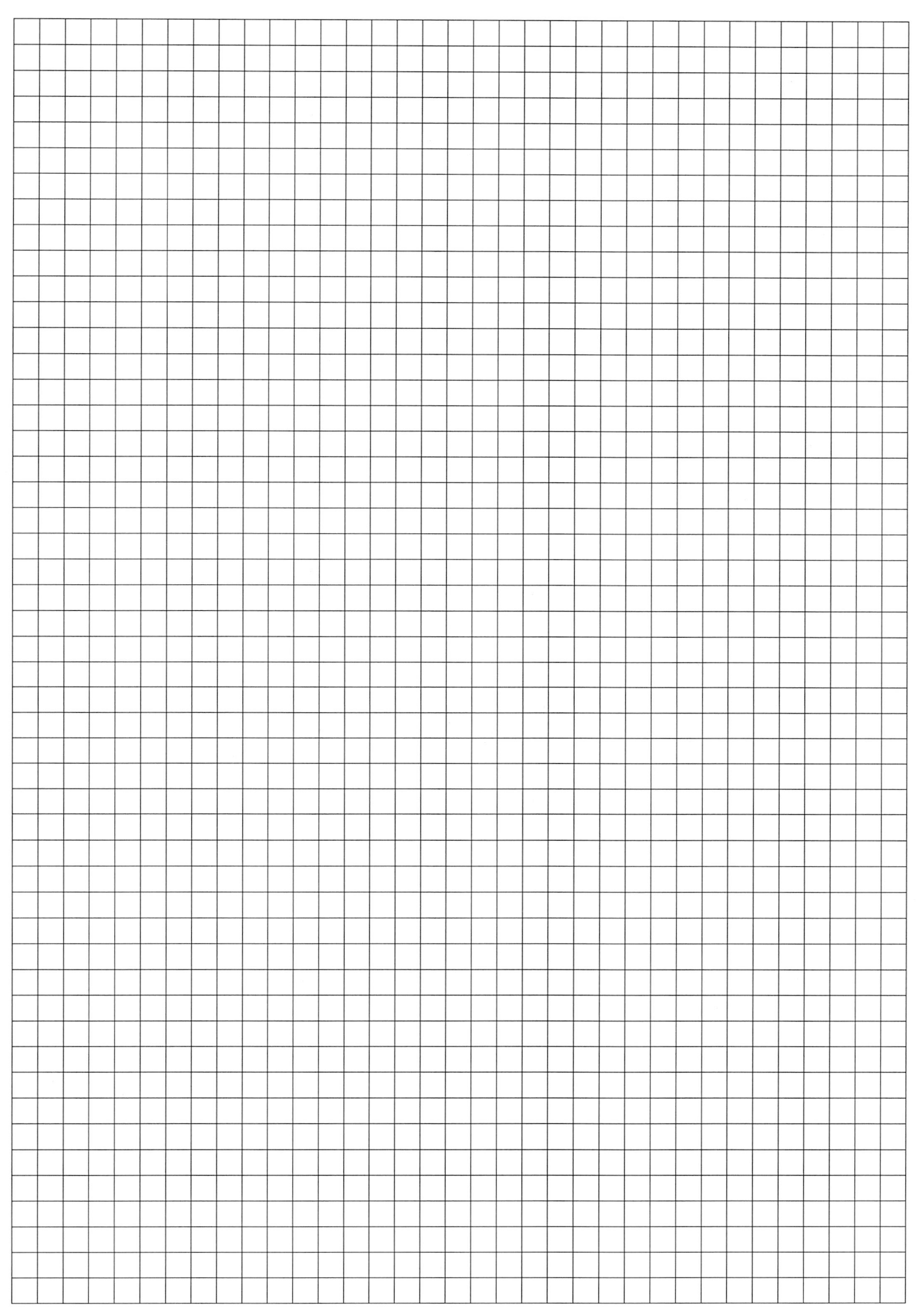

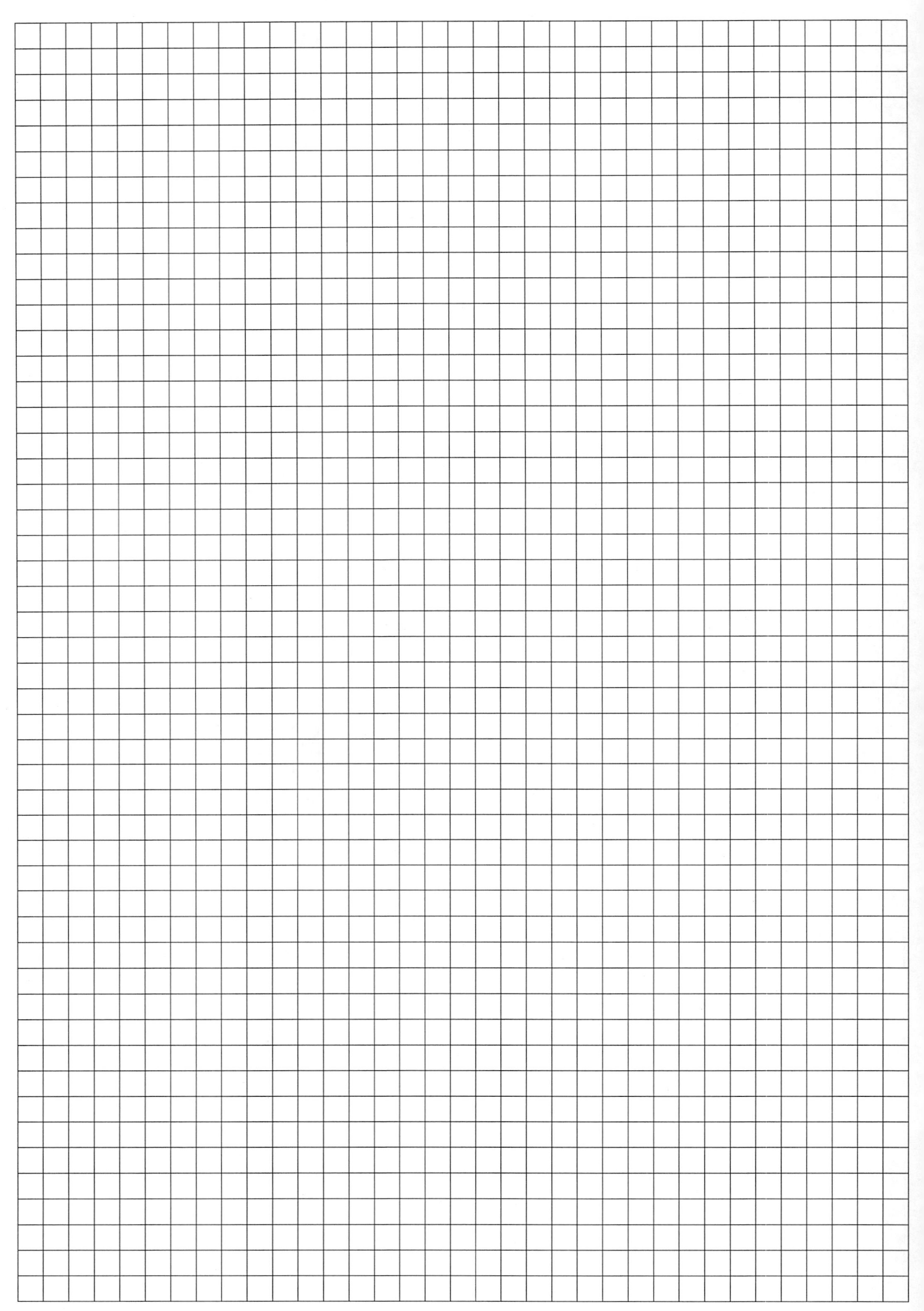

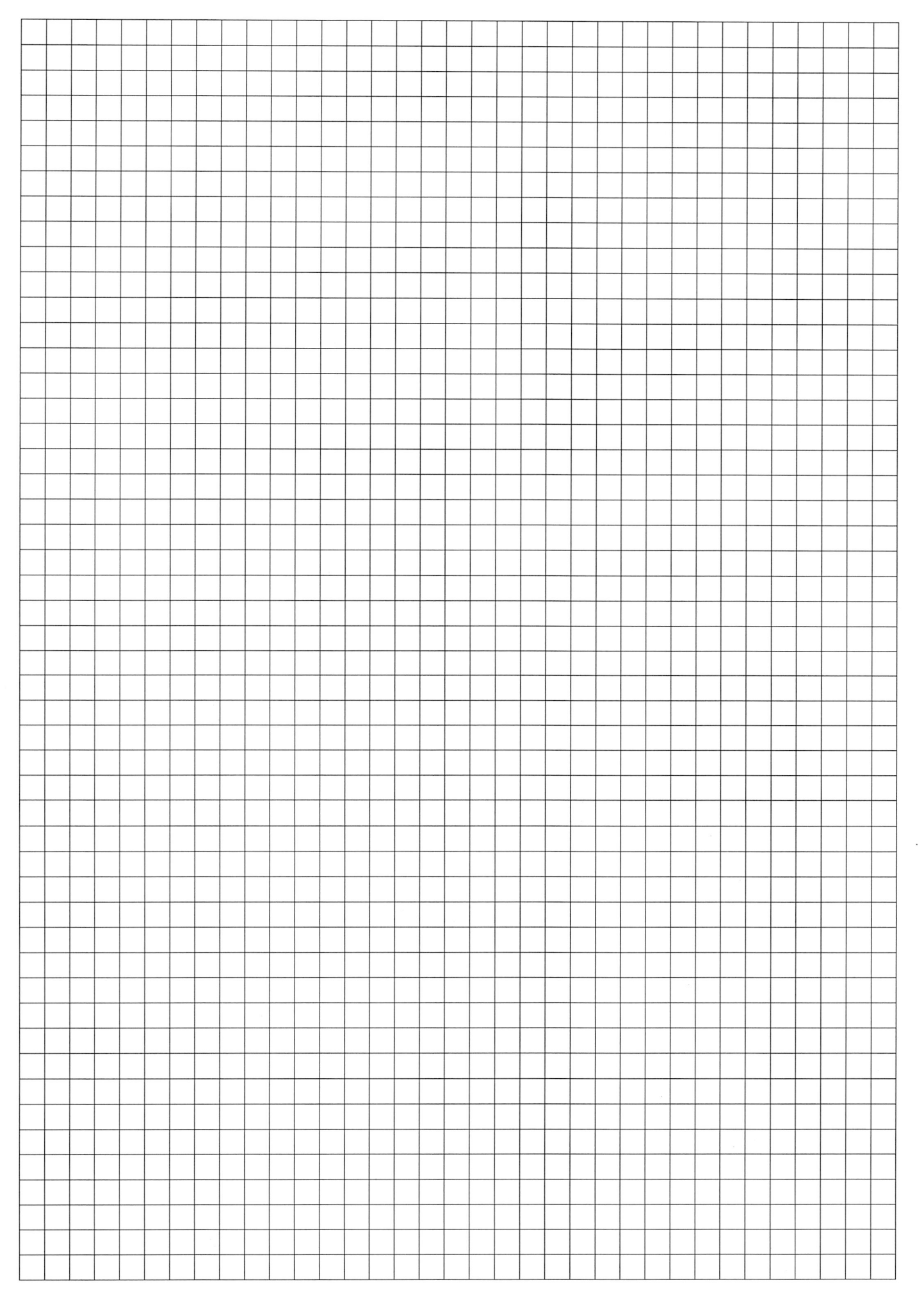

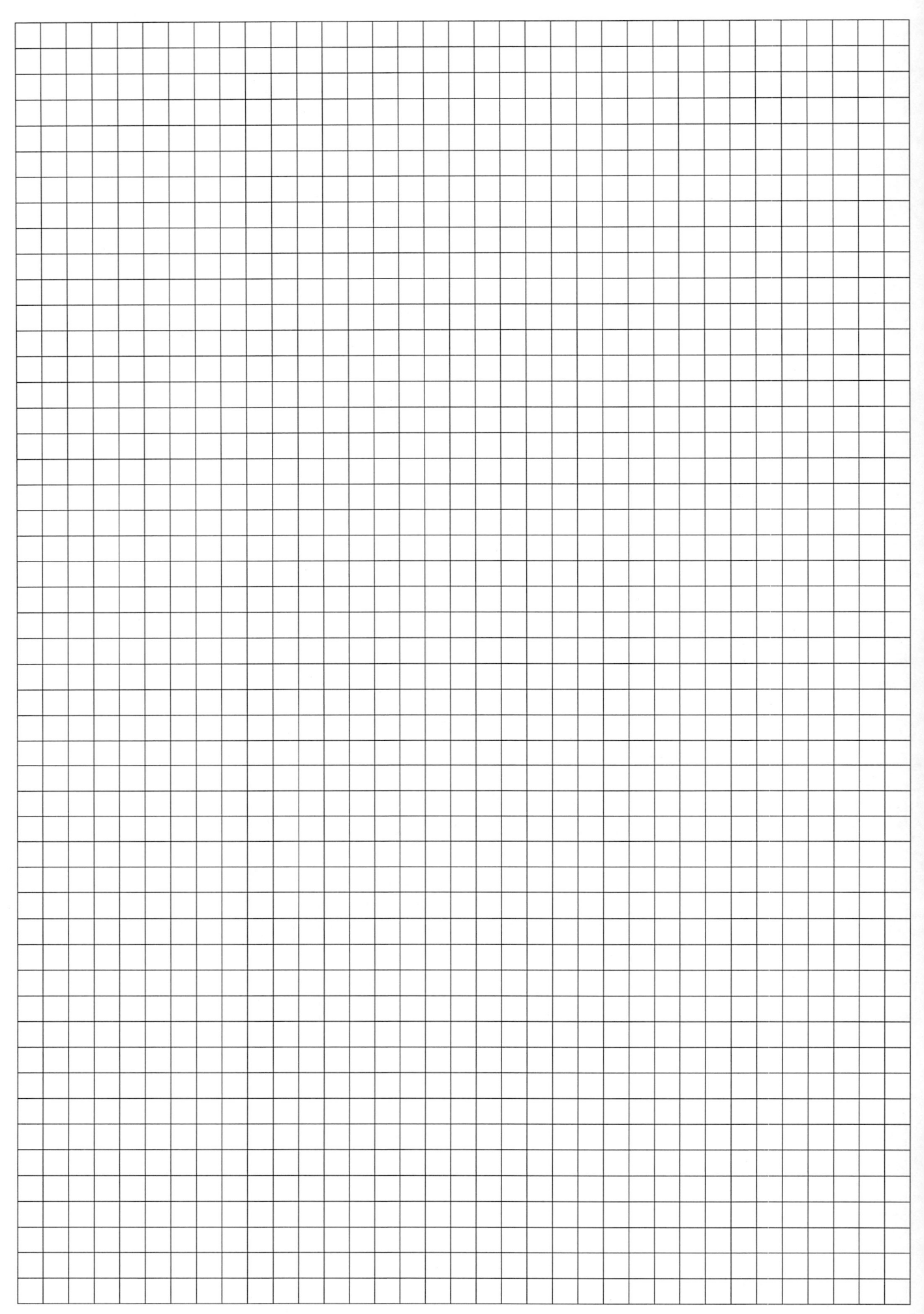

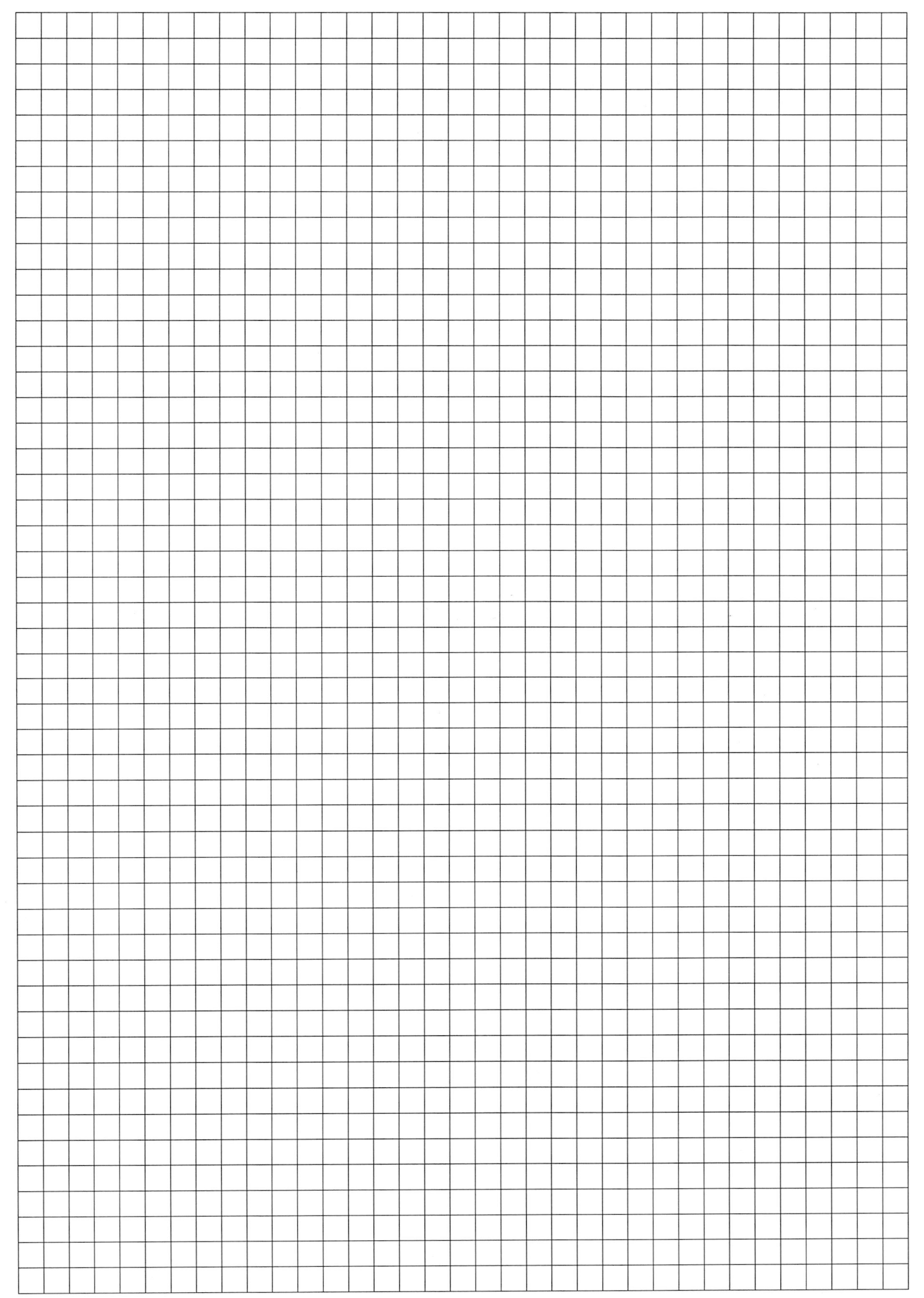

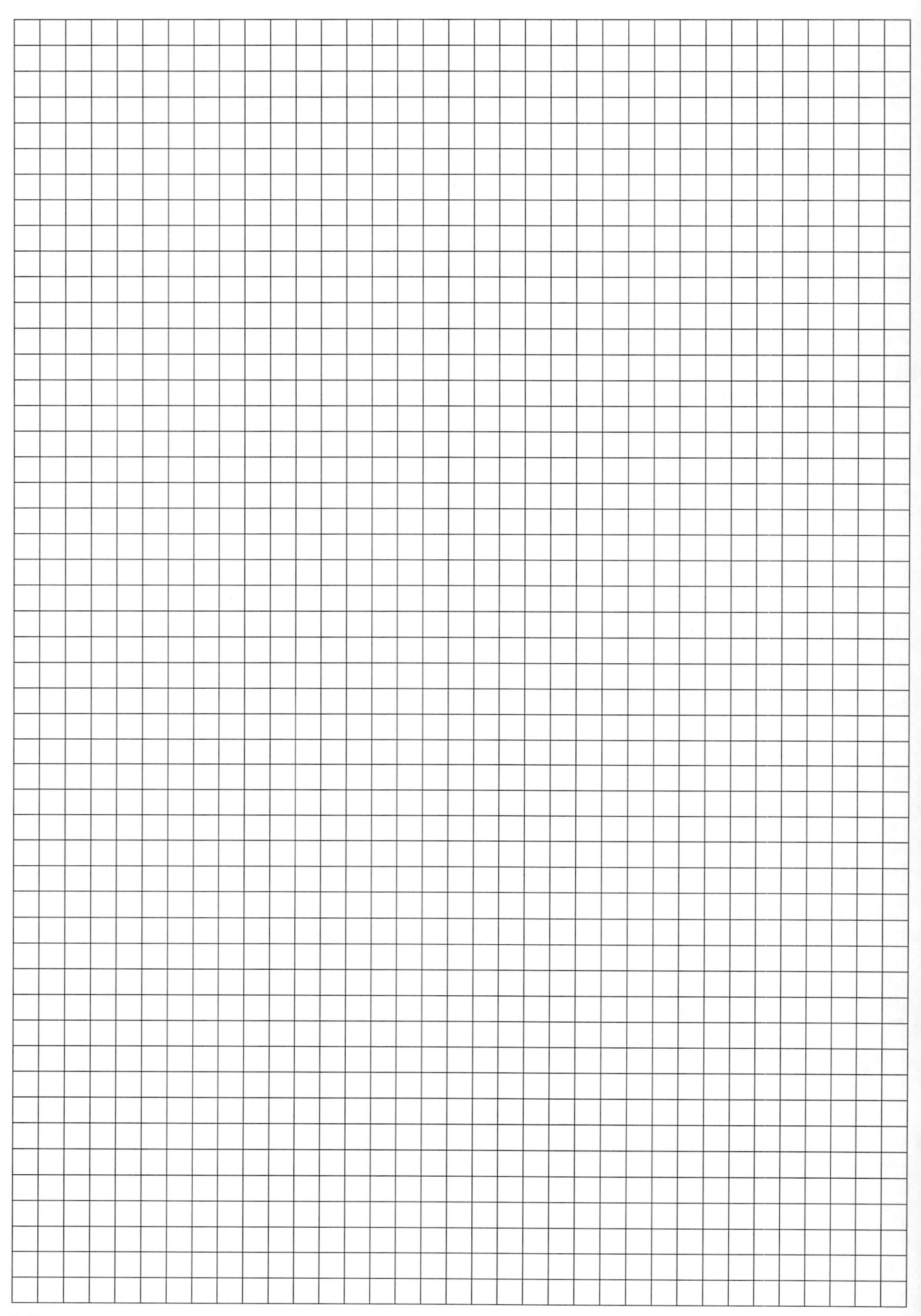

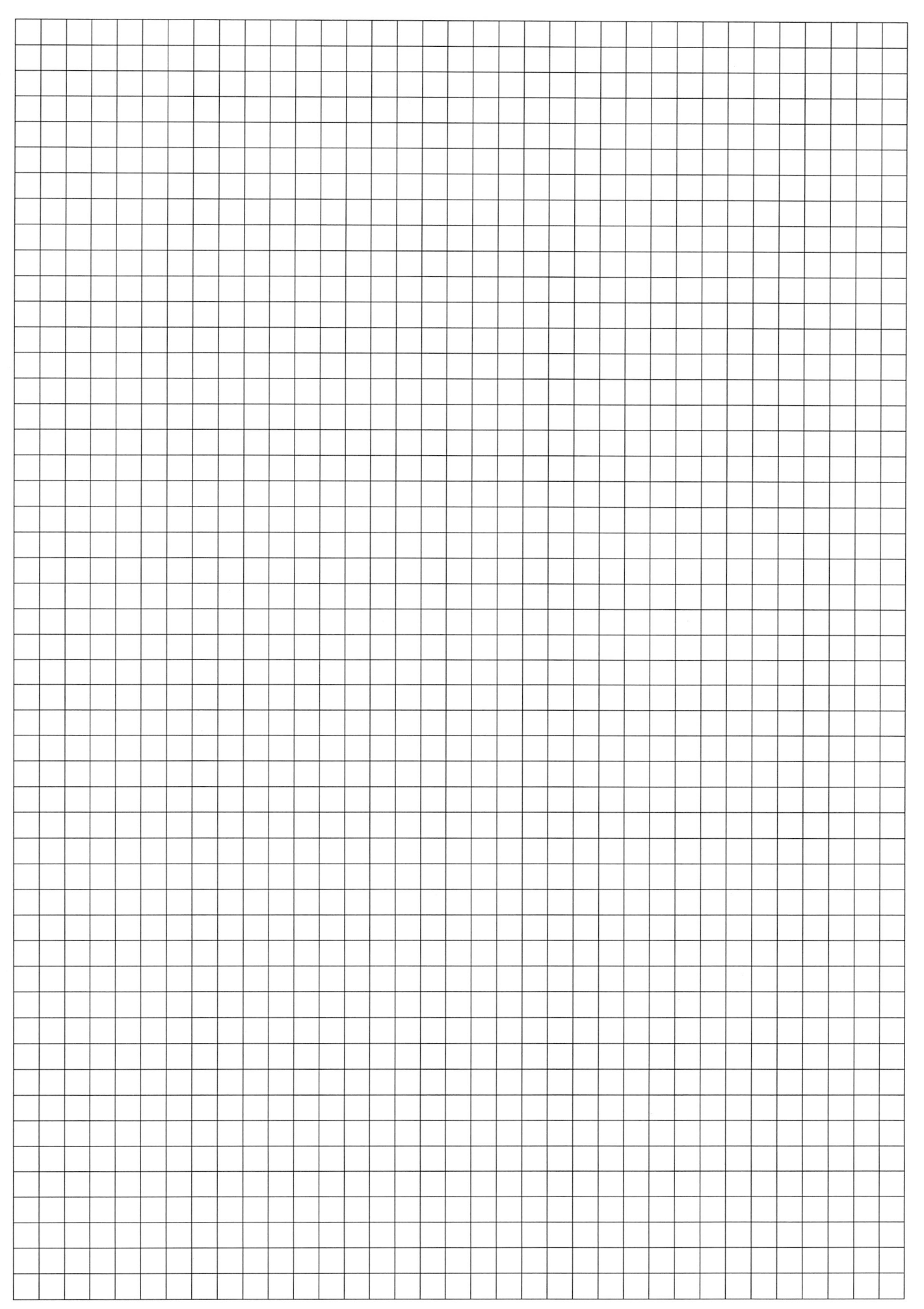

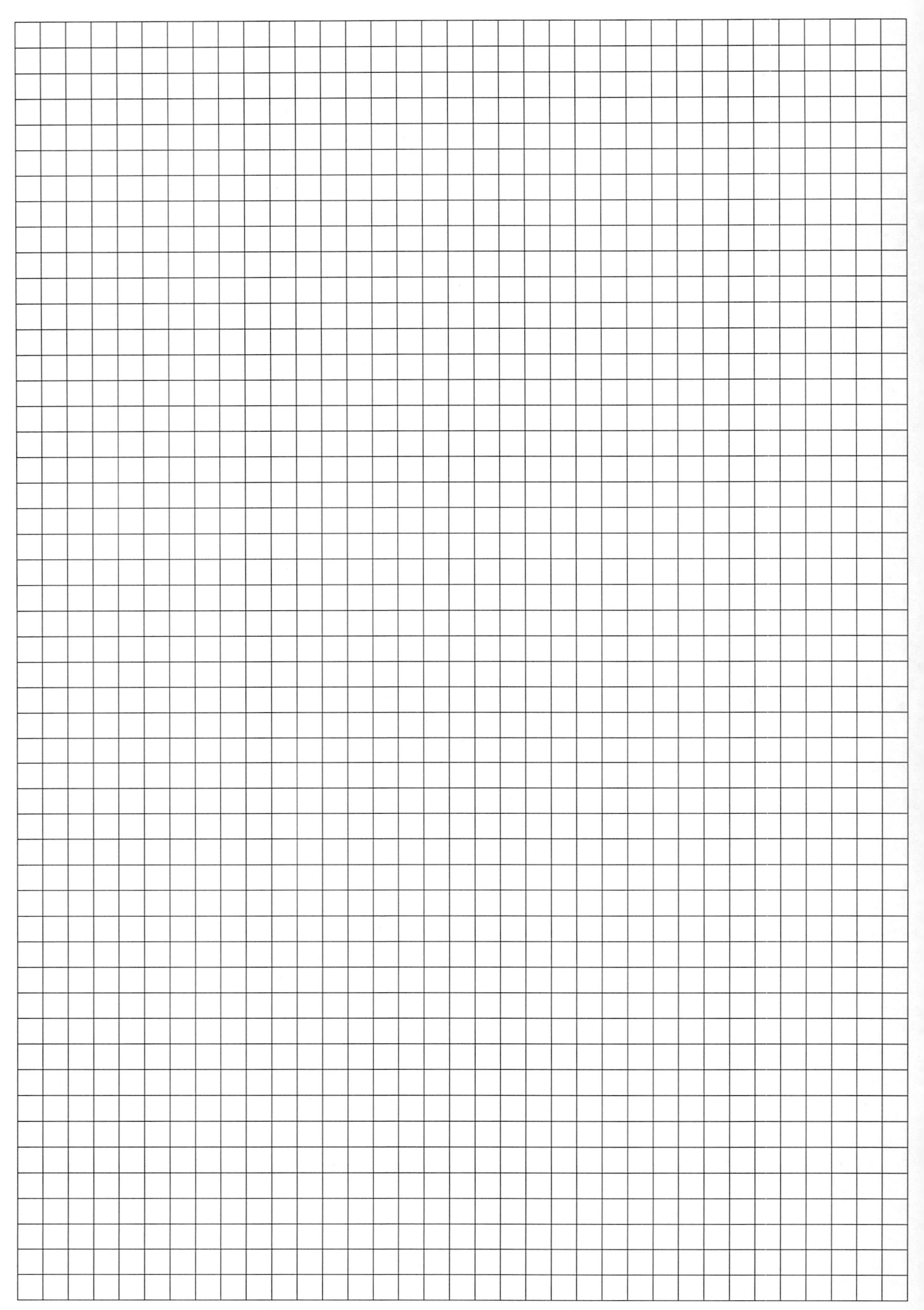

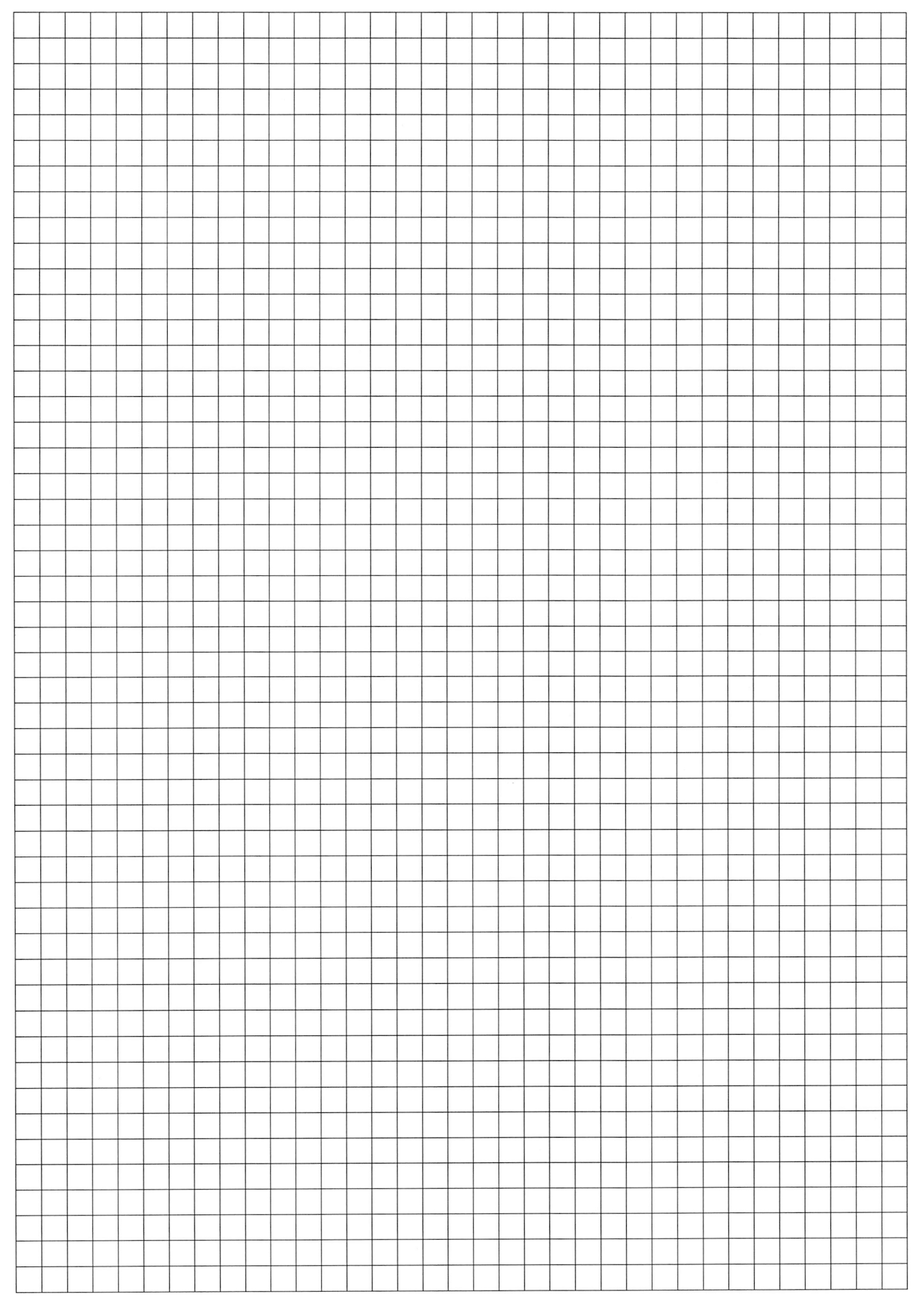

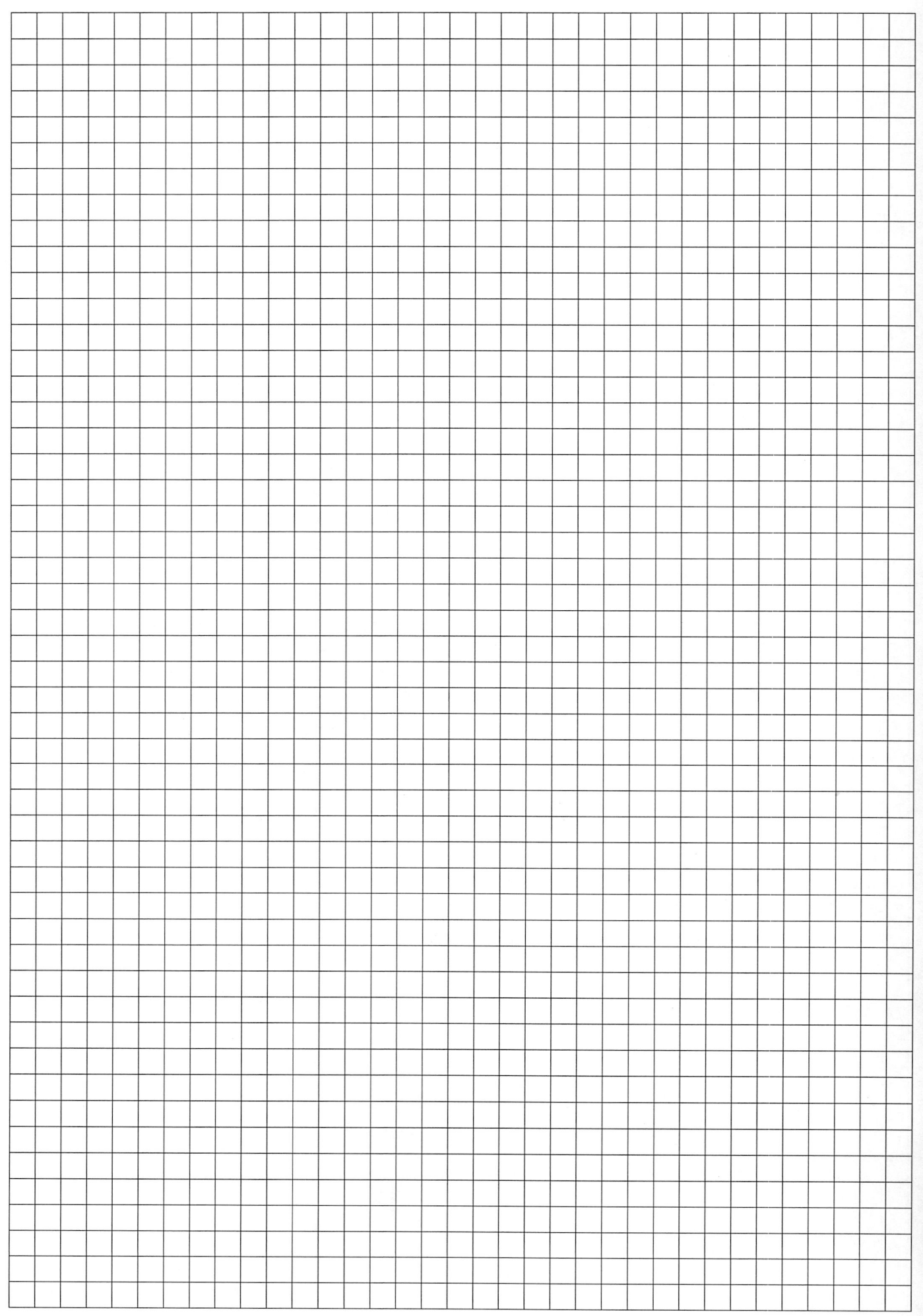

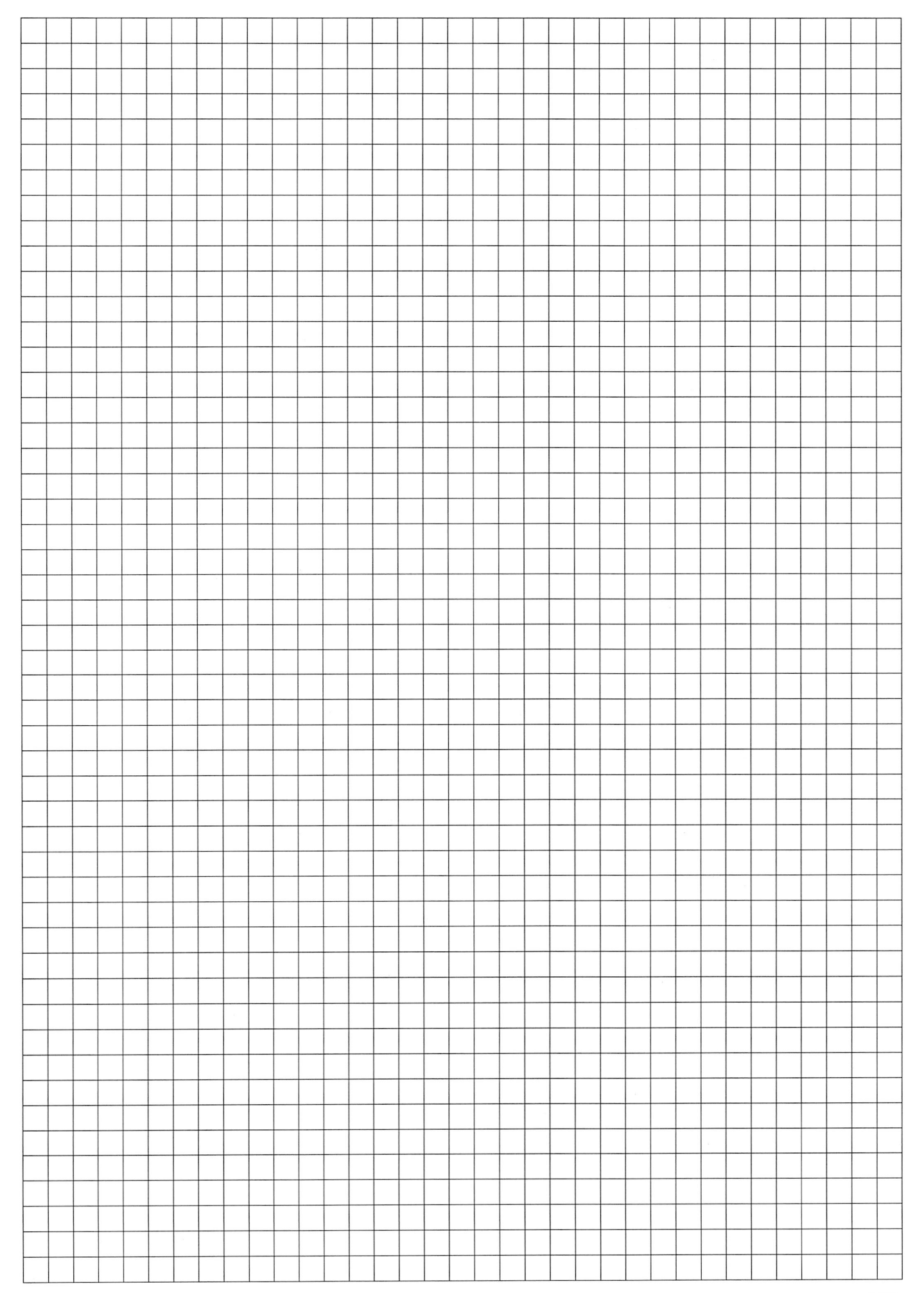

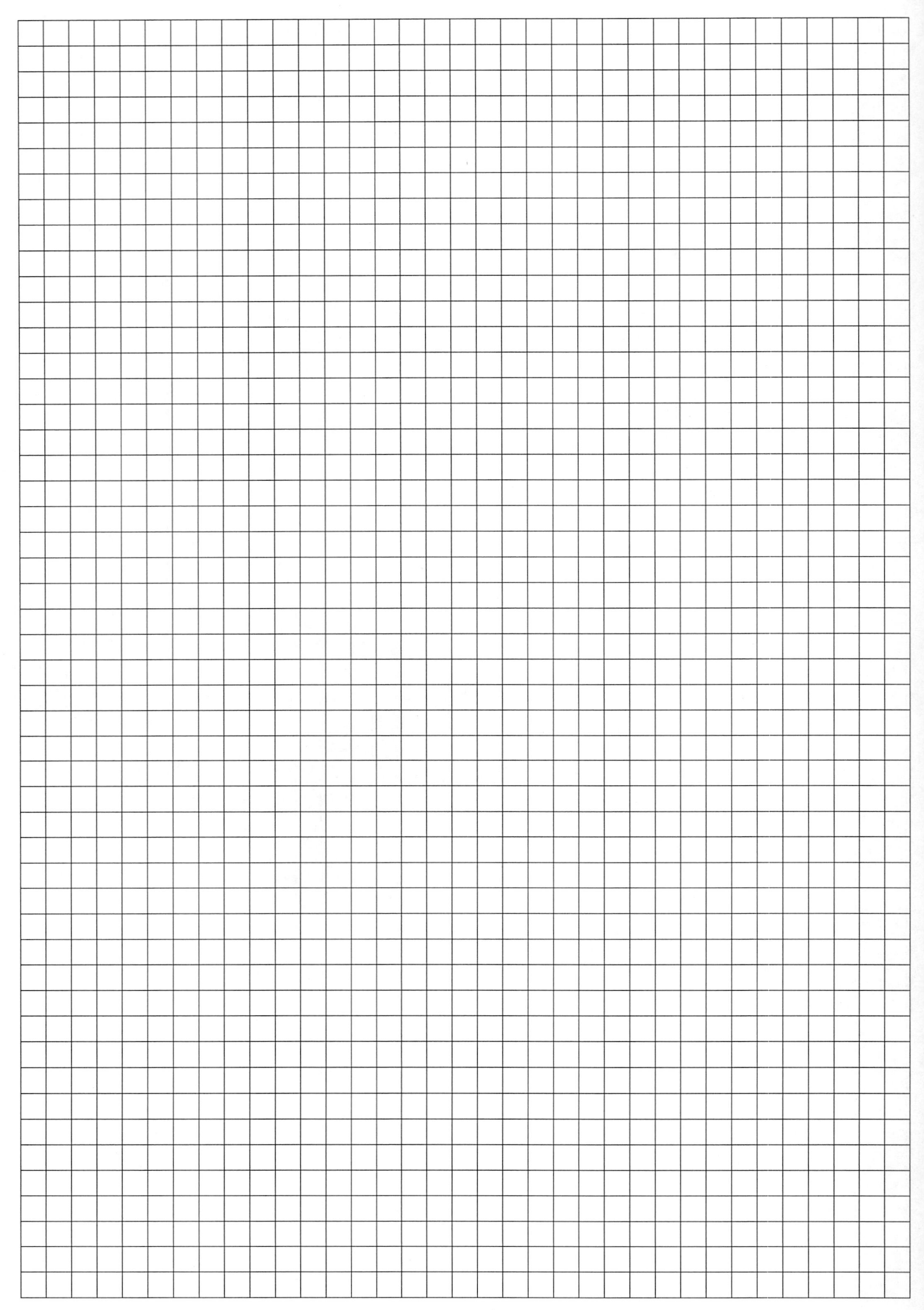

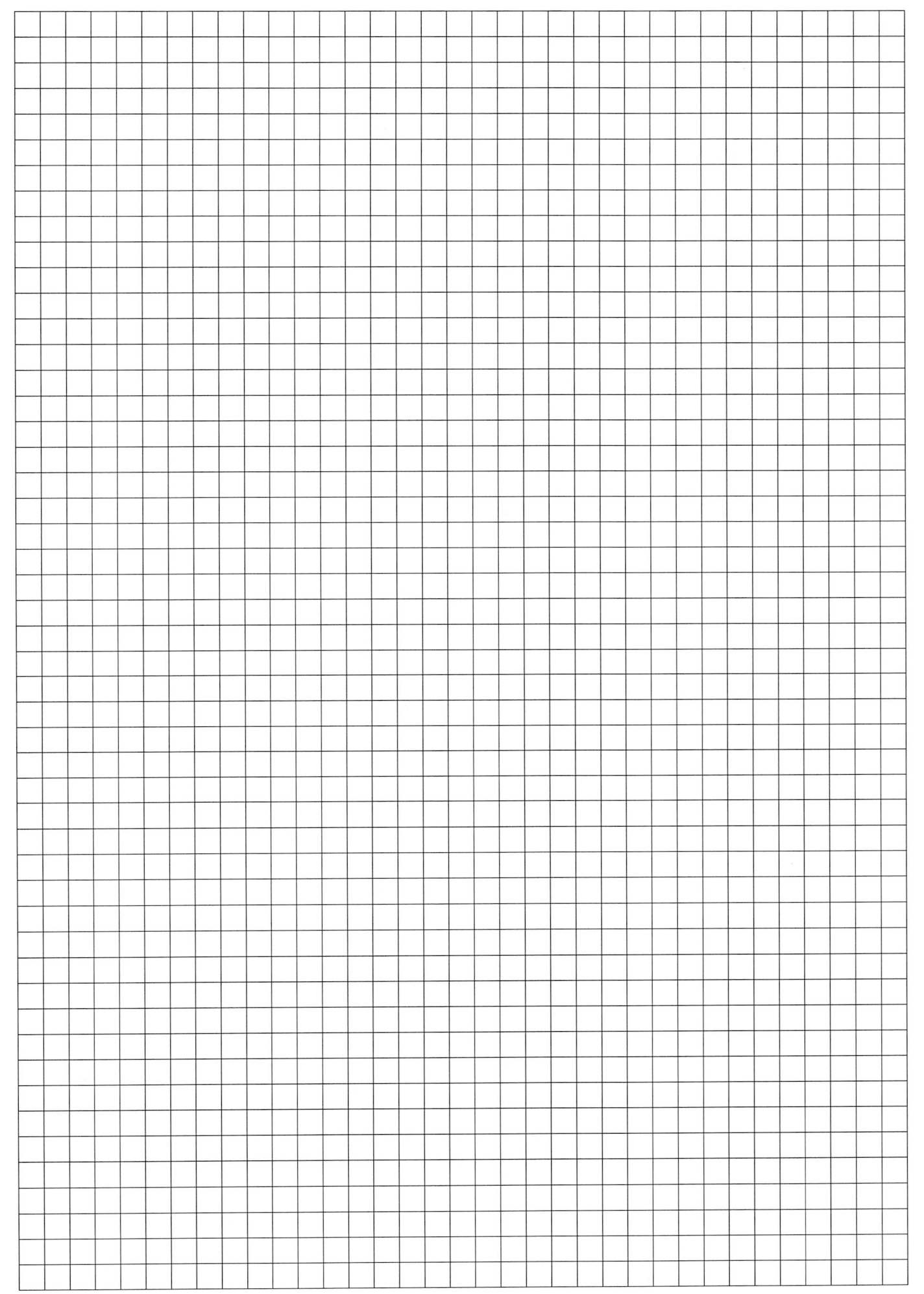

Testes de Vestibular

T1. *(MACK)* O número de raízes racionais da equação $\sqrt{x+1} = x^2 - 1$ é:

a) 0　　　　　b) 1　　　　　c) 2　　　　　d) 3　　　　　e) 4

T2. *(FATEC)* Se o número real a é a solução da equação $\sqrt{4+3x} - x = 0$, então a é tal que:

a) $a \leq 0$　　b) $-2 \leq a \leq 2$　　c) $-1 \leq a \leq 3$　　d) $1 \leq a \leq 4$　　e) $a > 5$

T3. *(FGV)* Com relação à equação $x + 2 = \sqrt{2x+7}$ podemos afirmar que o conjunto solução é:

a) $\{3, -1\}$　　b) $\{-3\}$　　c) $\{1, -3\}$　　d) $\{1\}$　　e) $\varnothing$

T4. *(VUNESP)* Duas empreiteiras farão conjuntamente a pavimentação de uma estrada, cada uma trabalhando a partir de uma das extremidades. Se uma delas pavimentar $\frac{2}{5}$ da estrada e a outra os 81 km restantes, a extensão dessa estrada é de:

a) 125 km　　b) 135 km　　c) 142 km　　d) 145 km　　e) 160 km

T5. *(PUC)* A solução da equação $x - \sqrt{2x+2} = 3$ é:

a) 1　　　　　b) -1　　　　c) 2　　　　　d) 3　　　　　e) 7

T6. *(UEL)* O conjunto solução da equação $x - 1 = \sqrt{x+11}$, em IR, está contido no intervalo:

a) $]-\infty, 0]$　　b) $[-3, 2]$　　c) $[-2, 5[$　　d) $]3, 6]$　　e) $[6, \infty[$

T7. *(PUC)* As raízes de $\sqrt[3]{x^2 - x - 1} = x - 1$ estão no intervalo:

a) $[-2, -1]$　　b) $[-1, 0]$　　c) $[0, 3]$　　d) $[3, 7]$　　e) $[7, \infty[$

T8. *(UE – CE)* A soma das raízes da equação $\sqrt[3]{x^2} - 2\sqrt[3]{x} - 15 = 0$ é:

a) 98　　　　b) 97　　　　c) 96　　　　d) 95　　　　e) 94

T9. *(FGV)* A soma das raízes da equação $\sqrt{x^2} + \sqrt{(x+1)^2} = 2$ é:

a) $\frac{3}{2}$　　b) -1　　c) $\frac{1}{2}$　　d) 1　　e) $-\frac{1}{2}$

T10. *(UC – MG)* O produto das raízes da equação $\sqrt{3x+1} = 1 + \sqrt{2x-1}$ é:

a) -5　　　b) 5　　　c) 6　　　d) 9　　　e) 12

T11. *(FUVEST)* Sendo (x_1, y_1) e (x_2, y_2) as soluções do sistema $\begin{cases} x^2 + 3xy = 0 \\ x - y = 2 \end{cases}$, então $y_1 + y_2$ é igual a:

a) $-\frac{5}{2}$　　b) $-\frac{3}{2}$　　c) $\frac{3}{2}$　　d) $\frac{5}{2}$　　e) 3

T12. *(UEG)* Ache a maior das raízes da equação $2(x+6) - x(x-2) = 0$.

a) 6　　　b) -2　　c) -6　　d) -1　　e) n.d.a.

T13. *(UEG)* A soma de dois números é 7 e a diferença entre os seus quadrados é 21. Ache o maior desses números.

a) 5　　　b) 6　　　c) 1　　　d) 2　　　e) n.d.a.

T14. Na equação $mx^2 - nx + p = 0$, o produto das raízes é 12 e $m + n + p = 0$. A soma das raízes dessa equação é:

a) 5　　　b) 13　　　c) 0　　　d) -5　　　e) -13

T15. O valor de k para que a equação $x^2 - (k-3)x + k^2 - 5k + 6 = 0$, tenha uma e somente uma raiz nula é:

a) 3　　　b) 2　　　c) 1　　　d) -2　　　e) -3

T16. *(UEG)* Componha a equação do 2º grau cujas raízes são: $2 + \sqrt{3}$ e $2 - \sqrt{3}$.

a) $x^2 - 4x + 1 = 0$ b) $x^2 + 4x - 1 = 0$ c) $x^2 - 4x - 1 = 0$

d) $x^2 + 4x + 1 = 0$ e) n.d.a.

T17. *(COMCITEC)* A equação $x^4 - x^2 - 2 = 0$ tem:

a) só duas raízes reais. b) 4 raízes reais. c) raízes inteiras.

d) uma só raiz irracional. e) raízes não satisfazendo às quatro respostas anteriores.

T18. *(UGF)* Decompor em fatores de primeiro grau o trinômio $2x^2 - 3x - 5$.

a) $(x - 1)(2x - 5)$ b) $(x - 1)(2x + 5)$ c) $(x + 1)(2x - 5)$

d) $(x + 1)(x - 5)$ e) $(x + 1)(2x + 5)$

T19. *(UFF)* Qual dos trinômios abaixo é sempre positivo?

a) $3x^2 - 2x - 1$ b) $4x^2 + 2x + 5$ c) $2x^2 - 5x - 12$

d) $9x^2 - 6x + 1$ e) $-x^2 + 4x + 1$

T20. Para que valor de x, $3x^2 + 12x - 2$ assume valor mínimo?

a) 2 b) -2 c) 4 d) -4 e) n.d.a.

T21. O trinômio $2 - x - x^2$ tem um máximo para?

a) $x = -\dfrac{1}{2}$ b) $x = \dfrac{1}{2}$ c) $x = -1$ d) $x = 1$ e) $x = 2$

T22. *(PUC)* Qual dos seguintes gráficos define uma função?

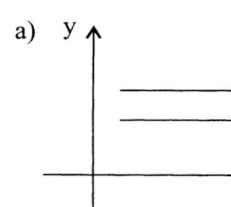

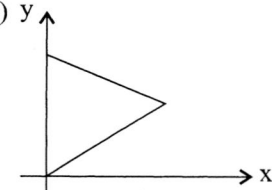

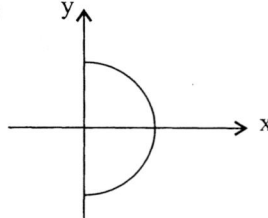

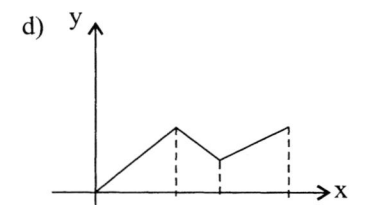

a) [gráfico] b) [gráfico] c) [gráfico]

d) [gráfico] e) n.d.a.

T23. *(CESGRANRIO)* Sejam $F = \{1, 2, 3, 4\}$ e $G = \{3, 4, 7\}$ então.

a) $F \times G$ tem 12 elementos. b) $G \times F$ tem 9 elementos. c) $F \cup G$ tem 7 elementos.

d) $F \cap G$ tem 3 elementos. e) $(F \cup G) \cap F = \emptyset$

T24. *(FUVEST)* O gráfico de $f(x) = x^2 + bx + c$, onde b e c são constantes, passa pelos pontos $(0,0)$ e $(1,2)$. Então $f\left(-\dfrac{2}{3}\right)$ vale:

a) $-\dfrac{2}{9}$ b) $\dfrac{2}{9}$ c) $-\dfrac{1}{4}$ d) $\dfrac{1}{4}$ e) 4

T25. *(UNESP)* Uma função quadrática tem o eixo dos y como eixo de simétria. A distância entre os zeros da função é de 4 unidades, e a função tem -5 como valor mínimo. Esta função quadrática é:

a) $y = 5x^2 - 4x - 5$ b) $y = 5x^2 - 20$ c) $y = \dfrac{5}{9}x^2 - 5x$

d) $y = \frac{5}{4}x^2 - 5$
e) $y = \frac{5}{4}x^2 - 20$

T26. *(CESCEM)* Considere o gráfico da função $y = x^2 - 5x + 6$. O ponto do gráfico de menor ordenada tem coordenadas.

a) $(2, 3)$
b) $(3, 2)$
c) $\left(\frac{3}{2}, 1\right)$
d) $\left(\frac{5}{2}, -1\right)$
e) $\left(\frac{5}{2}, -\frac{1}{4}\right)$

T27. *(CESCEM)* Para que os pontos $(1, 3)$ e $(3, -1)$ pertençam ao gráfico da função dada por $f(x) = ax + b$, o valor de $b - a$ deve ser:

a) 7
b) 5
c) 3
d) -3
e) -7

T28. *(CESCEA)* Assinale a alternativa em que o gráfico dado corresponde a função dada.

a) $y = -2x + 3$ 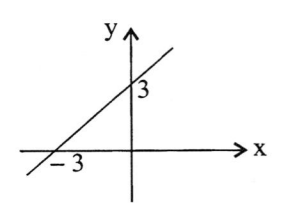
b) $y = x + 2$ 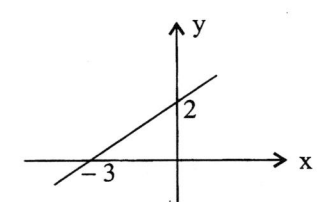
c) $y = -x + 2$

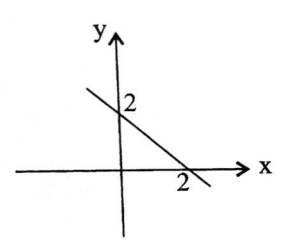

d) $y = 2x + 1$ 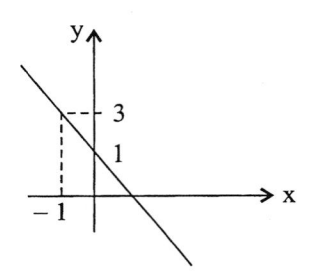
e) $y = x^2 + 1$

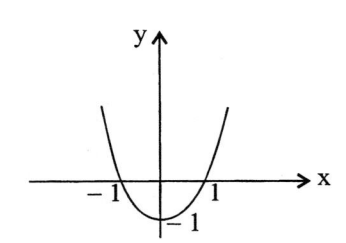

T29. *(FGV)* Dado $f(x) = 2x^2 + 7x - 15$, assinale a afirmativa falsa:

a) $f(0) = -15$
b) $f\left(\frac{3}{2}\right) = f(-5) = 0$
c) a função atinge um máximo quando $x = \frac{7}{8}$

d) $f(-1) = -20$
e) se $f(x) = 0$, então $x = \frac{3}{2}$ ou $x = -5$

T30. *(FGV)* As coordenadas do ponto P na figura, uma das intersecções da reta com a parábola são:

a) $(4, 6)$

b) $(5, 4)$

c) $\sqrt{18} - \sqrt{8} - \sqrt{2}$

d) $\left(\frac{7}{2}, 5\right)$

e) $(3, 4)$

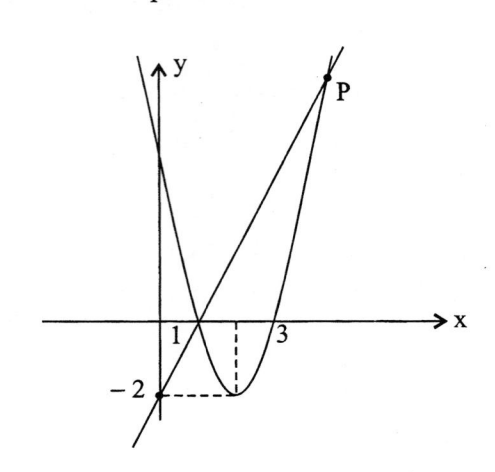

T31. Considere duas funções, f e g definidas no intervalo I = {x ∈ IR / 1 ≤ x ≤ 5}, tais que f(1) = g(1) = 0, f(3) · g(3) = 0 e f(5) > g(5). Representando o gráfico de f em linha cheia e o de g em linha tracejada, a figura que melhor se ajusta a esses dados é:

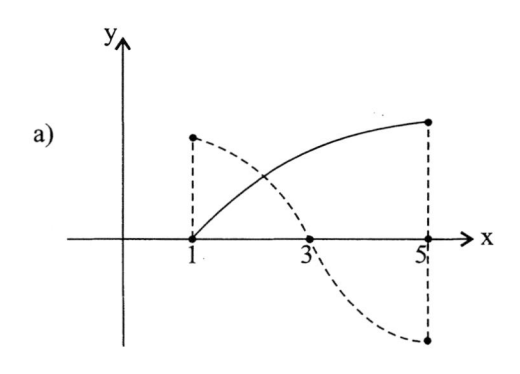

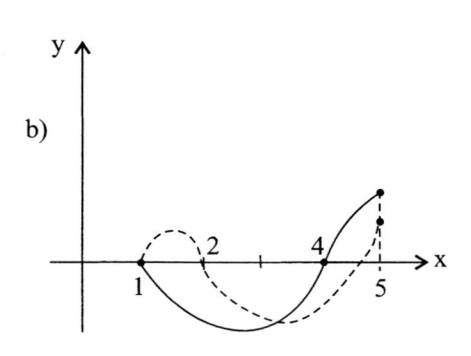

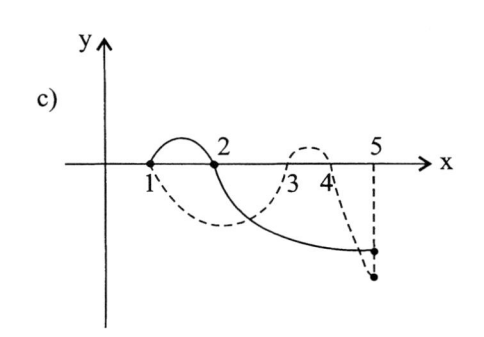

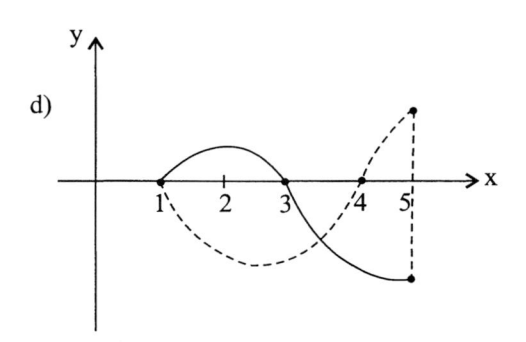

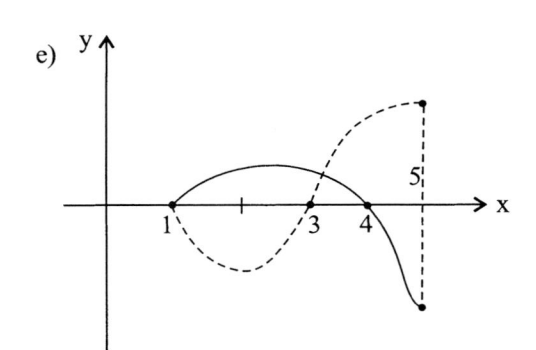

a)

b)

c)

d)

e)

T32. *(FGV)* Se a função f, de IR em IR, dada por $f(x) = 5^{3x}$. Se $f(a) = 8$, então $f\left(-\dfrac{a}{3}\right)$ é:

a) $\dfrac{1}{2}$ b) $\dfrac{1}{4}$ c) $\dfrac{1}{8}$ d) 4 e) 2

T33. *(FGV)* A função f, de IR em IR, dada por $f(x) = ax^2 - 4x + a$ tem um valor máximo e admite duas raízes e iguais. Nessas condições, f(−2) é igual a:

a) 4 b) 2 c) 2 d) $-\dfrac{1}{2}$ e) −2

T34. *(FUVEST)* Qual desses números é igual a 0,064?

a) $\left(\dfrac{1}{80}\right)^2$ b) $\left(\dfrac{1}{8}\right)^2$ c) $\left(\dfrac{2}{5}\right)^3$ d) $\left(\dfrac{1}{800}\right)^2$ e) $\left(\dfrac{8}{10}\right)^3$

T35. *(FUVEST)* Sabendo que x, y e z são números reais e $(2x + y - z)^2 + (x - y)^2 + (z - 3)^2 = 0$, então x + y + z é igual a:

a) 3 b) 4 c) 5 d) 6 e) 7

T36. *(FUVEST)* Durante uma viagem choveu 5 vezes. A chuva caia pela manhã ou a tarde, nunca o dia todo. Houve 6 manhãs e 3 tardes sem chuva. Quantos dias durou a viagem?

a) 6 b) 7 c) 8 d) 9 e) 10

T37. *(FUVEST)* Se (m + 2n , m – 4) e (2 – m , 2n) representam o mesmo ponto no plano cartesiano, então m^n é igual a:

a) – 2   b) 0   c) $\sqrt{2}$ d) 1   e) $\frac{1}{2}$

T38. *(FUVEST)* Os gráficos de duas funções polinômiais P e Q estão representados na figura ao lado. Então no intervalo [– 4, 8] , P (x) . Q(x) < 0 para:

a) – 2 < x < 4

b) – 2 < x < – 1 ou 5 < x < 8

c) – 4 ≤ x < – 2 ou 2 < x < 4

d) – 4 ≤ x < – 2 ou 5 < x ≤ 8

e) – 1 < x < 5

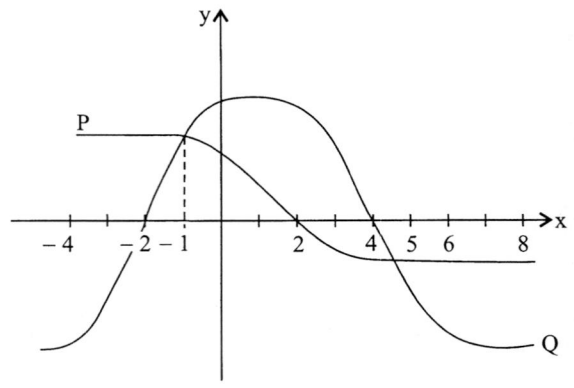

T39. *(FGV)* A soma das raízes da equação $(x^2 - 2\sqrt{2}x + \sqrt{3})(x^2 - \sqrt{2}x - \sqrt{3})=0$ vale:

a) 0   b) $2\sqrt{3}$ c) $3\sqrt{2}$ d) $5\sqrt{6}$ e) $6\sqrt{5}$

T40. *(FGV)* Um ponto do plano cartesiano é representado pelas coordenadas (x + 3y , – x – y) e também por (4 + y , 2x + y) , em relação a um mesmo sistema de coordenadas. Nestas condições x^y é igual a:

a) – 8   b) – 6   c) 1   d) 8   d) 9

T41. *(FGV)* Há funções y = f(x) que possuem a seguinte propriedade: "a valores distintos de x correspondem valores distintos de y". Tais funções são chamadas injetoras. Qual, dentre as funções cujos gráficos aparecem abaixo, é injetora?

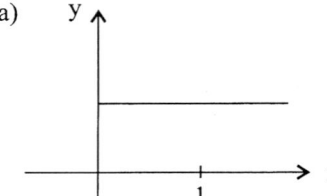

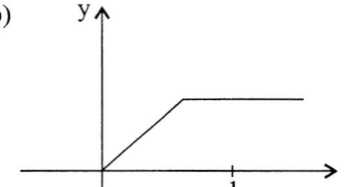

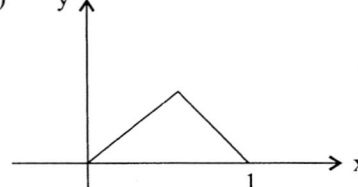

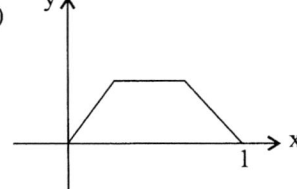

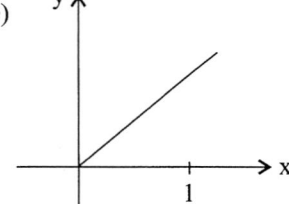

a)   b)   c)

d)   e)

T42. *(UEL)* Em IR x IR , sejam (2m + n ; m – 4) e (m + 1 ; 2n) dois pares ordenados iguais então m^n é igual a:

a) – 2   b) 0   c) $\frac{1}{2}$ d) 1   e) $\sqrt{2}$

T43. *(UF – MG)* Sejam P (a , b) e Q (c , – 2) dois pontos no plano cartesiano tais que ac < 0 , b < 0 e c > 0 . Pode-se afirmar que:

a) P é um ponto do 1º quadrante   b) P é um ponto do 2º quadrante   c) P é um ponto do 3º quadrante

d) P é um ponto do 4º quadrante   e) P pode estar no 1º ou no 4º quadrante

T44. *(UEL)* Sejam os conjuntos A e B tais que A x B {(– 1 , 0) , (2, 0) , (– 1, 2) , (2, 2) , (– 1, 3) , (2, 3)}. O número de elementos do conjunto A ∩ B é?

a) 0   b) 1   c) 2   d) 3   e) 4

T45. *(UF – PA)* Dados os conjuntos A = {a , b , c} e B = {a , b} , qual dos conjuntos abaixo é uma relação de A em B?

a) {(a, b), (b, b) , (c , c)}   b) {(a , a) , (b , b) , (b, c)}   c) {(a , a) , (b , b) , (a , c}

d) {(a, a) , (b , b) , (a , b)}   e) {(c , b) , (b , c)}

T46. *(UF – PE)* Dados os conjuntos A = {a , b, c, d} e B = {1, 2 , 3 , 4 , 5} , assinale a única alternativa que define uma função de A em B.

a) {(a , 1) , (b , 3) , (c , 2)}   b) {(a , 3) , (b , 1) , (c , 5) , (a , 1)}   c) {(a , 1) , (b , 1) , (c , 1) , (d , 1)}

d) {(a , 1) , (a , 2) , (a , 3) , (a , 4) , (a , 5)}   e) {(1, a) , (2 , b) , (3 , c) , (4 , d) , (5 , a)}

T47. *(UF – MG)* Na figura estão esboçados os gráficos de duas funções f e g. O conjunto $\{x \in \mathbb{R} / f(x) \cdot g(x) < 0\}$ é dado por:

a) x > 0   ou x < – 1

b) – 1 < x < 0

c) 0 < x < 2

d) – 1 < x < 2

e) x < – 1   ou x > 2

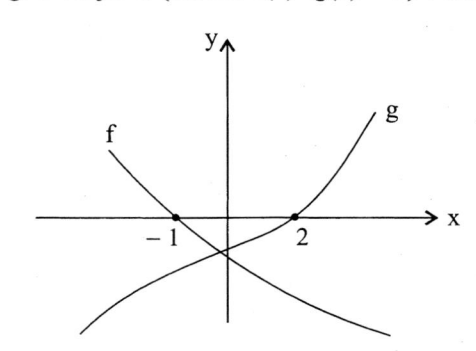

T48. *(UF – PA)* Dada a função f de A = {0 , 1 , 2} em B = {– 2 , – 1 , 0 , 1 , 2} definida por f(x) = x – 1, qual o conjunto imagem de f?

a) {– 1 , 0 , 1}   b) {– 2 , – 1 , 0 , 1 , 2}   c) {0 , 1 , 2}

d) {– 2 , – 1 , 0}   e) {0 , – 1 , 2}

T49. *(UF – MG)* Dos gráficos, o único que representa uma função de imagem $\{x \in \mathbb{R} / 1 \leq y \leq 4\}$ e domínio $\{x \in \mathbb{R} / 0 \leq x < 3\}$ é:

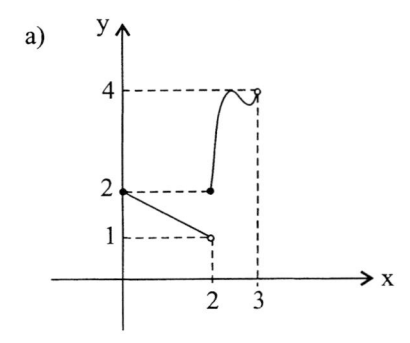

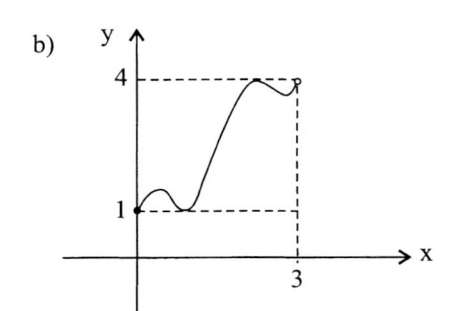

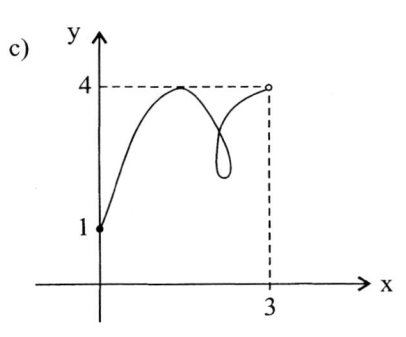

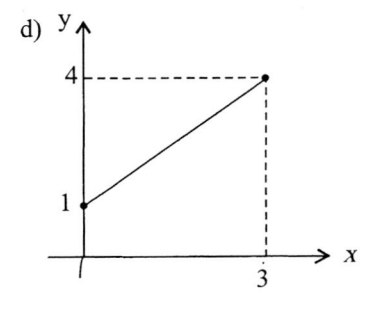

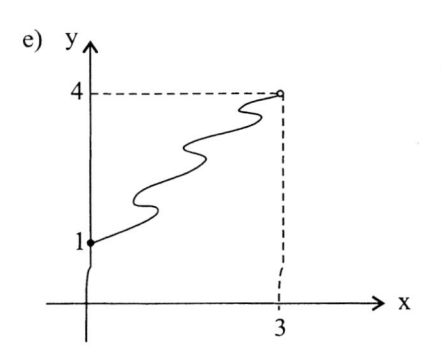

T50. *(UF – MG)* Das figuras abaixo a única que representa o gráfico de uma função real y = f(x) , x ∈ [a , b] é:

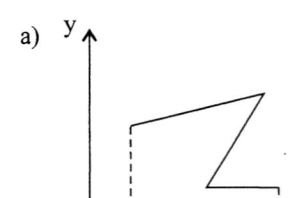

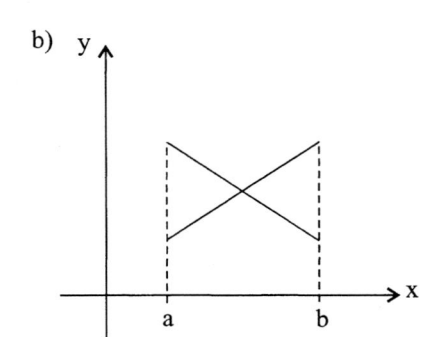

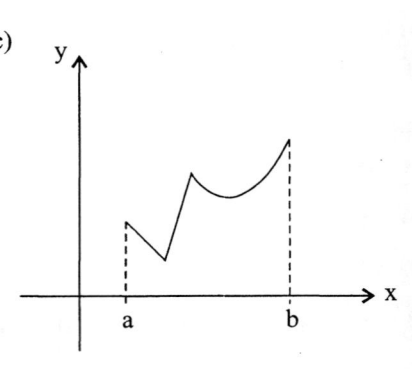

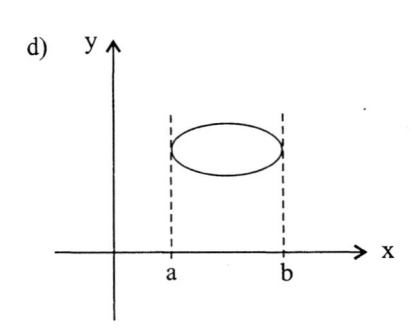

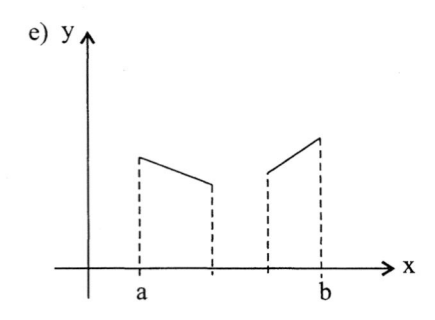

a) [gráfico] b) [gráfico] c) [gráfico]

d) [gráfico] e) [gráfico]

T51. *(UF – MG)* Suponha-se que o número f(x) de funcionários necessários para distribuir, em um dia, contas de luz entre x por cento de moradores, numa determinada cidade, seja dado pela função $f(x) = \dfrac{300x}{150 - x}$.

Se o número de funcionários necessário para distribuir, em um dia, as contas de luz for de 75, a porcentagens de moradores que as receberam é:

a) 25　　　　b) 30　　　　c) 40　　　　d) 45　　　　e) 50

T52. *(UE – CE)* Se x_1 é a solução da equação $\dfrac{x}{3} + \dfrac{x}{6} = 16 - \dfrac{x}{4}$, então o valor de x_1 está compreendido entre os números:

a) 17 e 19　　　b) 19 e 21　　　c) 21 e 23　　　d) 23 e 25　　　e) 25 e 27

T53. *(UEL)* Seja a função f : IR tal que f(x) = ax + b . Se os pontos (0 , – 3) e (2 , 0) , pertencem ao gráfico de f, então a + b é igual a:

a) $\dfrac{9}{2}$　　　b) 3　　　c) $\dfrac{2}{3}$　　　d) $-\dfrac{3}{2}$　　　e) – 1

T54. *(FGV)* O gráfico da função f(x) = mx + n passa pelos pontos (4, 2) e (– 1, 6). Assim o valor de m + n é:

a) $-\dfrac{13}{5}$　　　b) $\dfrac{22}{5}$　　　c) $\dfrac{2}{5}$　　　d) $\dfrac{13}{5}$　　　e) 2,4

T55. *(PUC – MG)* Uma função do 1º grau é tal que f(– 1) = 5 e f(3) = – 3. Então f(0) é igual a:

a) 0　　　b) 2　　　c) 3　　　d) 4　　　e) – 1

T56. *(UE – BA)* A função f , de IR em IR, definida por $f(x) = (k^2 – 1)x + 3$, é crescente se, e somente se:

a) k ≠ 1 e k ≠ –1　　　　b) k = 1 ou k = – 1　　　　c) k > 0

d) – 1 < k < 1　　　　e) k < – 1 ou k > 1

T57. *(UF – MG)* Sendo a < 0 e b > 0 , a única representação correta para a função f(x) = ax + b é:

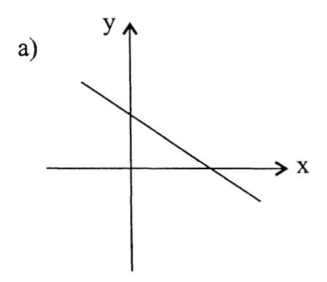

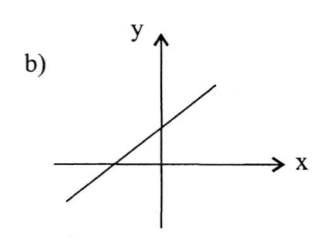

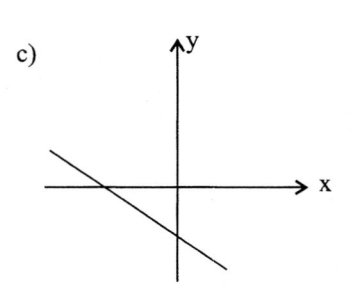

a) [gráfico]　　　b) [gráfico]　　　c) [gráfico]

d) [gráfico]

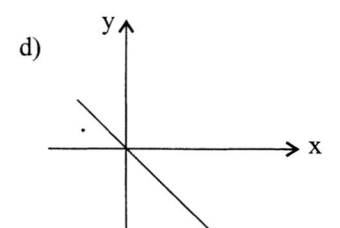

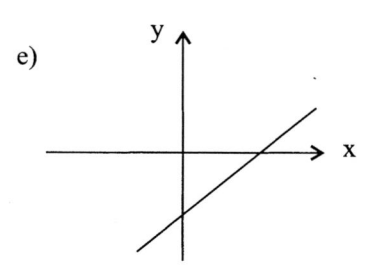

e) [gráfico]

T58. *(UF – GO)* O menor múltiplo de 3 que satisfaz a inequação $x + 5 < 2x - 1$ é:

a) 12   b) 9   c) 6   d) 3   e) 0

T59. *(UF – SE)* Quantos números inteiros, estritamente positivos, satisfazem a inequação $x + \frac{3}{2} < 3x - 4$?

a) nenhum   b) dois   c) três   d) quatro   e) infinitos

T60. *(UF – MG)* O gráfico da função quadrática $y = ax^2 + bx + c$ está representada a seguir. Pode-se afirmar que:

a) $a > 0$, $b = 0$, $c < 0$

b) $a > 0$, $b = 0$, $c > 0$

c) $a > 0$, $b > 0$, $c = 0$

d) $a < 0$, $b = 0$, $c > 0$

e) $a < 0$, $b < 0$, $c = 0$

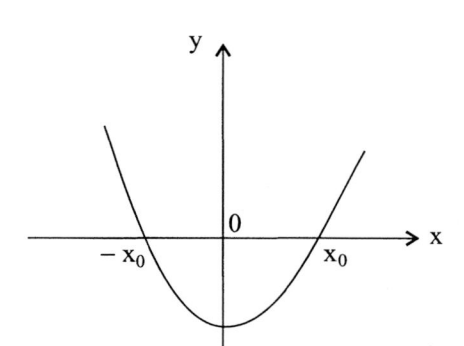

T61. *(FGV)* Determinar o domínio da função $f(x) = \dfrac{\sqrt{x^2 - 5}}{\sqrt[3]{x^2 - 1}}$.

a) $\{x \in \mathbb{R} / x < \sqrt{5} \text{ ou } x \geq \sqrt{5}\}$ b) $\{x \in \mathbb{R} / x \leq -1 \text{ ou } x > 1\}$ c) $\{x \in \mathbb{R} / -\sqrt{5} \leq x \leq \sqrt{5}\}$

d) $\{x \in \mathbb{R} / x < -1 \text{ ou } x > 1$ e) n.d.a.

T62. *(UF – PE)* O gráfico abaixo representa a função real $f(x) = bx^2 + ax + c$. Assinale a única alternativa correta.

a) $b^2 - 4ac > 0$ e $a > 0$

b) $a^2 - 4bc > 0$ e $b > 0$

c) $a^2 - 4bc > 0$ e $b < 0$

d) $b^2 - 4ac > 0$ e $a < 0$

e) $a < 0$ e $c = 0$

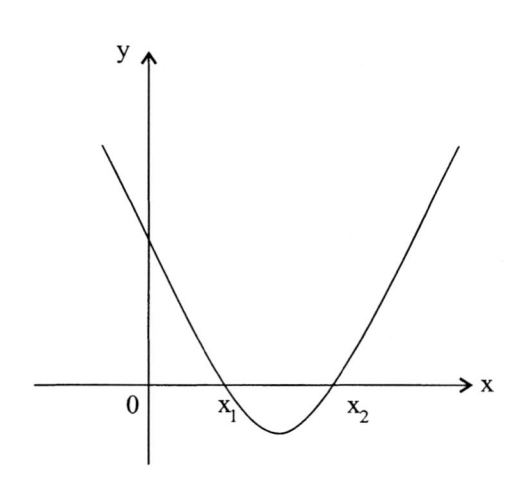

Questões de Vestibular

Q1. *(UF – BA)* Resolva a equação: $\sqrt{x^2+9} - \dfrac{15}{\sqrt{x^2+9}} = 2$

Q2. *(MAPOFEI)* Resolver a equação: $\dfrac{1}{\sqrt{3+x}+\sqrt{3-x}} + \dfrac{1}{\sqrt{3+x}-\sqrt{3-x}} = 2$

Q3. *(FAAP)* Resolver a equação: $x - 1 = \sqrt{1 - \sqrt{x^4 - x^2}}$

Q4. *(F.Oswaldo Cruz)* Resolver a equação: $1 - \sqrt{1 - x^2} = x^2$

Q5. *(MAPOFEI)* Verificar se existem números reais x tais que $2 - x = \sqrt{x^2 - 12}$. Justificar sua resposta.

Q6. *(E.E. MAUA)* Resolver a equação $\sqrt{x^2+9} + \dfrac{15}{\sqrt{x^2+9}} = 8$.

Q7. *(MAPOFEI)* Resolver o sistema: $\begin{cases} x^2 + y^2 = 25 \\ xy = 12 \end{cases}$

Q8. *(MAPOFEI)* Resolver o sistema: $\begin{cases} \dfrac{1}{x} + \dfrac{1}{y} = \dfrac{7}{12} \\ xy = 12 \end{cases}$

Q9. *(FUVEST)* Considere a parábola de equação $y = x^2 + mx + 4m$.

a) Ache a intersecção da parábola com o eixo x, quando $m = -2$.

b) Determine o conjunto de valores de m para os quais a parábola não corta o eixo x.

Q10. *(FUVEST)* a) Determine a função g(x) cujo gráfico é o simétrico do gráfico da função $f(x) = 2x - x^2$ em relação a reta $y = 3$.

b) Esboce o gráfico.

Q11. *(FUVEST)* Resolva a inequação: $\dfrac{1}{3} - \dfrac{x}{2} < \dfrac{1}{4}$.

Q12. *(FGV)* Um hotel tem 30 quartos para casais. O gerente verificou que, cobrando R$ 120,00 por dia de permanência de cada casal, o hotel permaneceria lotado e, cada aumento de R$ 5,00 na diária, fazia com que um quarto ficasse vazio.

a) Chamando de x o preço da diária e de y o número de quartos ocupados, qual a relação entre x e y?

b) Qual o preço que deve ser cobrado por dia para maximizar a receita do hotel?

Q13. *(VUNESP)* Para que valores reais de a, b e c as funções polinômiais f e g, definidas por $f(x) = x^3 + x^2 + x$ e $g(x) = x^3 + (a+b)x^2 + (b+c)x + a - b - c$, são iguais?

Q14. *(FGV)* Nas expressões abaixo, obtenha y em função de x:

a) $\dfrac{2y}{y-2} = \dfrac{x}{1-x}$

b) $x = 10 \cdot (1+y)^5$

Q15. *(UNICAMP)* Determine o número m de modo que o gráfico da função $y = x^2 + mx + 8 - m$ seja tangente ao eixo dos x. Faça o gráfico da solução (ou das soluções) que você encontrar para o problema.

Q16. *(UFPE)* O custo C, em reais, para se produzir n unidades de determinado produto é dado por: $C = 2510 - 100n + n^2$. Quantas unidades deverão ser produzidas para se obter o custo mínimo?

Q17. *(FGV)* O lucro mensal de uma empresa é dado por $L = -x^2 + 30x - 5$, onde x é a quantidade mensal vendida.

a) Qual o lucro mensal máximo possível?

b) Entre que valores deve variar x para que o lucro mensal seja no mínimo igual a 195?

Q18. *(VUNESP)* Suponha que um grilo, ao saltar do solo, tenha sua posição no espaço descrita em função do tempo (em segundos) pela expressão $h(t) = 3t - 3t^2$, onde h é a altura atingida em metros.

a) Em que instante t o grilo retorna ao solo?

b) Qual a altura máxima em metros atingida pelo grilo?

Q19. *(VUNESP)* Considere um retângulo cujo perímetro é 10 cm e onde x é a medida de um dos lados. Determine:

a) a área do retângulo em função de x.

b) o valor de x para o qual a área do retângulo seja máxima.

Q20. *(FGV)* O custo diário de produção de um artigo é $C = 50 + 2x + 0{,}1\,x^2$, onde x é a quantidade diária produzida. Cada unidade do produto é vendida por R$ 6,50. Determine os valores de x para que não haja prejuízo.

Gabarito

Equações Irracionais

1. a) S = { 4 } b) S = { 46 } c) S = { 7 } d) S = { 2 } e) S = { 2 } f) S = { 7 } g) S = { 5 , 7} h) S = ∅
i) S = ∅ j) S = { 14 } **2.** a) S = { 4 } b) S = {− 3 , 2 } c) S = { 4 } d) S = ∅ e) S = {− 19 , 3 }
f) S = { 4 } g) S = { 4 } h) S = { 0 , 5 } i) S = {− 1 , 1 } **3.** a) S = { 1 } b) S = { 8 } c) S = { 1 }
d) S = { 4 } e) S = ∅ **4.** a) S = { 4 } b) S = {− 3 , 1 } c) S = { 8 } d) S = { 4 } e) S = { 2 , 34 }

5. a) S = { 36 } b) S = {441} c) S = { 2 } d) S = { 9 } e) S = $\left\{\dfrac{1296}{169}\right\}$ **6.** a) S = $\left\{-1, \dfrac{2}{3}, \dfrac{3}{2}\right\}$ b) S = { 8 }

c) S = { 4 } d) S = { 0 } **7.** a) S = { 19 } b) S = $\left\{\dfrac{26}{3}\right\}$ c) S = ∅ d) S = { 2 } e) S = $\left\{\dfrac{5}{3}, 3\right\}$

8. a) S = { 1 } b) S = { 3 } c) S = { 0 , 1 , 5 } d) S = { 9 } e) S = { 9 } **9.** S = ∅ **10.** S = { 15 }
11. S = { 5 } **12.** S = { 2 } **13.** S = {− 3 , 1 } **14.** S = { 7 } **15.** S = {− 4 , 3 } **16.** S = { 34 }

17. S = $\left\{-\sqrt{3}, \sqrt{3}\right\}$ **18.** S = { 4 } **19.** S = $\left\{-\dfrac{15}{2}, 6\right\}$ **20.** S = {− 4, 1 } **21.** S = { 0 , 1}

Equações Irracionais Literais

22. S = { x ∈ IR / x = 3a² } **23.** S = { 0 } **24.** S = { x ∈ IR / x = 9a } **25.** S = { x ∈ IR / x = 3a ou x = 15a }

26. S = { x ∈ IR / x = a ou x = − b } **27.** S = { x ∈ IR / x = − a ou x = 1 − a } **28.** S = $\left\{x \in IR / x = 0 \text{ ou } x = \dfrac{9a}{16}\right\}$

29. S = $\left\{x \in IR / x = \dfrac{(a^2 + b^2)^2}{4b^2}\right\}$ **30.** S = $\left\{x \in IR / x = \dfrac{16b - 9a}{16}\right\}$ **31.** S = { 1 }

Sistemas de Equações

32. a) S = $\left\{(x,y) = \left(\dfrac{6}{5}, -\dfrac{9}{10}\right)\right\}$, SPD b) S = {(m , n) = (11 , 4)} , SPD

c) S = $\left\{(x,y) = \left(a, \dfrac{5-a}{2}\right)\right\}$, SPI d) S = ∅ , SI **33.** a) S {(x , y) = (− 1 , − 4)} , SPD

b) S = $\left\{(x,y) = \left(1, -\dfrac{9}{2}\right)\right\}$, SPD c) S = {(x , y) = (− 1 , 2)} , SPD d) S = ∅ , SI e) S = $\left\{(x,y) = \left(\dfrac{5}{13}, \dfrac{12}{13}\right)\right\}$, SPD

34. a) S = {(x , y) = (− 1 , − 4)} , SPD b) S = {(x , y) = (3 , 4)} , SPD c) S = {(x , y) = (− 3 , 2)} , SPD

d) S = $\left\{(x,y) = \left(a, \dfrac{2a-1}{3}\right)\right\}$, SPI e) S = ∅ , SI **35.** a) S = {(x , y) = (− 14 , 14)} b) S = {(x , y) = (20 , 10)}

c. S = {(x , y) = (8 , 10)} d) S = $\left\{(x,y) = \left(\dfrac{1}{2}, \dfrac{1}{4}\right)\right\}$ e) S = ∅ **36.** a) SPD b) SPD c) SPI d) SI

e) SPD f) SI g) SPI h) SPD i) SPI **37.** a) SPI b) SI c) SPD d) SI e) SPI
38. a) S = {(x , y) = (6 , 8)} b) S = {(x , y) = (14 , 1)} c) S = {(x , y) = (3 , 5)} d) S = {(x , y) = (− 3 , 5)}

e) S = {(x , y) = (7 , 8)} **39.** a) S = {(x , y) = (− 3 , − 4)} b) S = {(x , y) = (4, 8)} c) S = $\left\{(x,y) = \left(\dfrac{1}{2}, \dfrac{4}{3}\right)\right\}$

d) S = {(x , y) = (− 5 , 9)} **40.** a) S = {(x , y) = (2 , 3)} b) S = {(x , y) = (3 , 4)} c) S = {(x , y) = (1 , 2)}

d) $S = \left\{(x,y) = \left(\dfrac{1}{2}, \dfrac{1}{3}\right)\right\}$ e) $S = \{(x, y) = (-3, -2)\}$ **41.** a) $S = \left\{(x,y) = \left(\dfrac{2}{3}, \dfrac{1}{4}\right)\right\}$ b) $S = \{(x, y) = (2, -3)\}$

c) $S = \left\{(x,y) = \left(-\dfrac{1}{2}, -\dfrac{3}{5}\right)\right\}$ **42.** a) $S = \{(x,y) = (3, 7)\}$ b) $S = \{(x, y) = (-1, -5)\}$ c) $S = \{(x, y) = (-2, -3)\}$

43. a) $S = \{(x, y) = (a, b)\}$ b) $S = \{(x, y) = (1, b), \text{com } b \neq -2\}$ c) $S = \{(x, y) = (2a, a)\}$ d) $S = \{(x, y) = (1, a)\}$

e) $S = \left\{(x,y) = \left(\dfrac{1}{a}, \dfrac{1}{b}\right), \text{com } a \neq -b \text{ e } ab \neq 0\right\}$ **44.** $S = \{(x, y) = (a + b, -b), \text{com } a \neq -b\}$

45. a) $S = \left\{\left(x, y\right) = \dfrac{a+b}{2}, \dfrac{a-b}{2}\right\}$ b) $S = \{(x, y) = (2a + b, 2a - b)\}$ c) $S = \{(x, y) = (2a, a - b), \text{com } a \neq \pm b \text{ e } a \neq 0\}$

46. a) $S = \{(x, y) = (m + n, m - n), \text{com } n \neq 0 \text{ e } m \neq 0\}$ b) $S = \{(x, y) = (a, b), \text{com } a \neq b\}$

c) $S = \{(x, y) = (a + c, c - a), \text{com } a \neq 0\}$ **47.** $S = \{(x, y) = (ab, b), \text{com } ab \neq 0 \text{ e } a \neq -b\}$

48. $S = \{(x, y) = (2a, 2a - b), \text{com } ab \neq 0\}$ **49.** $S = \{(x, y) = (b, a), \text{com } ab \neq 0 \text{ e } a \neq \pm b\}$

50. $S = \{(x, y) = (m^2, mn), \text{com } mn \neq 0\}$ **51.** $S = \left\{(x,y) = \left(\dfrac{2}{a+b}, \dfrac{2}{a-b}\right), \text{com } a \neq \pm b\right\}$

52. $S = \left\{(x,y) = (a, b), \text{com } ab \neq 0 \text{ e } a \neq -\dfrac{2}{3}\right\}$ **53.** $S = \{(x, y) = (2m, 2n), \text{com } mn \neq 0 \text{ e } m \neq -n\}$

Sistemas de grau superior ao primeiro

54. a) $S = \{(x, y) = (7, 8) \text{ ou } (8, 7)\}$, grau 2 b) $S = \{(x, y) = (-1, -8) \text{ ou } (8, 1)\}$, grau 2 c) $S = \{(x, y) = (7, 9) \text{ ou } (9, 7)\}$, grau 2

55. a) $S = \{(x, y) = (20, 9) \text{ ou } (-9, -20)\}$, grau 2 b) $S = \left\{(x,y) = (2, -1) \text{ ou } \left(\dfrac{1}{3}, 4\right)\right\}$, grau 2

c) $S = \left\{(x,y) = (2, -3) \text{ ou } \left(-5, \dfrac{1}{2}\right)\right\}$, grau 2 **56.** a) $S = \{(x, y) = (-1, 2)\}$, grau 2

b) $S = \left\{(x,y) = (1, 3) \text{ ou } \left(-\dfrac{15}{4}, -\dfrac{4}{5}\right)\right\}$, grau 2 c) $S = \{(x, y) = (0, 0) \text{ ou } (1, 2)\}$, grau 2

57. a) $S = \{(x, y) = (2, 1) \text{ ou } (18, 17)\}$ b) $S = \left\{(x, y) = \left(\dfrac{1}{2}, \dfrac{2}{3}\right) \text{ ou } \left(-\dfrac{1}{2}, -\dfrac{2}{3}\right) \text{ ou } \left(\dfrac{2}{3}, \dfrac{1}{2}\right) \text{ ou } \left(-\dfrac{2}{3}, -\dfrac{1}{2}\right)\right\}$

c) $S = \{(x, y) = (-4, -4) \text{ ou } (4, 0)\}$ d) $S = \{(x, y) = (-4, -9) \text{ ou } (9, 4)\}$ **58.** a) $S = \left\{(x,y) = (0, 1) \text{ ou } \left(-\dfrac{5}{4}, \dfrac{7}{2}\right)\right\}$

b) $S = \{(x, y) = (1, \sqrt{2}) \text{ ou } (-1, \sqrt{2}) \text{ ou } (1, -\sqrt{2}) \text{ ou } (-1, -\sqrt{2})\}$ c) $S = \{(x, y) = (1, -3) \text{ ou } (-1, 3)\}$

d) $S = \{(x, y) = (3\sqrt{3}, 3\sqrt{3}) \text{ ou } (-3\sqrt{3}, -3\sqrt{3})\}$ **59.** a) $S = \left\{(x,y) = (1, 5) \text{ ou } \left(\dfrac{17}{6}, \dfrac{4}{3}\right)\right\}$

b) $S = \{(x, y) = (-1, 5) \text{ ou } (5, -1)\}$ c) $S = \{(x, y) = (5, -6) \text{ ou } (6, -5)\}$

d) $S = \{(x, y) = (\sqrt{3}, 1) \text{ ou } (\sqrt{3}, -1) \text{ ou } (-\sqrt{3}, 1) \text{ ou } (-\sqrt{3}, -1)\}$ **60.** a) $S = \left\{(x,y) = (-2, -1) \text{ ou } \left(\dfrac{5}{2}, \dfrac{3}{2}\right)\right\}$

b) $S = \{(x, y) = (-4, 5) \text{ ou } (5, -4)\}$ c) $S = \left\{(x,y) = (7, 3) \text{ ou } \left(\dfrac{14}{3}, -\dfrac{5}{3}\right)\right\}$ d) $S = \{(x, y) = (11, 5) \text{ ou } (-9, -15)\}$

61. a) $S = \{(x, y) = (-4, -7) \text{ ou } (7, 4)\}$ b) $S = \{(x, y) = (3, 7) \text{ ou } (7, 3)\}$ c) $S = \{(x, y) = (1, 3) \text{ ou } (3, 1)\}$

d) $S = \left\{(x,y) = \left(\dfrac{5}{4},\dfrac{2}{5}\right) \text{ ou } \left(-\dfrac{5}{4},-\dfrac{2}{5}\right) \text{ ou } \left(\dfrac{2}{5},\dfrac{5}{4}\right) \text{ ou } \left(-\dfrac{2}{5},-\dfrac{5}{4}\right)\right\}$ **62.** a) $S = \{(x,y) = (1,-5) \text{ ou } (-1,5)\}$

b) $S = \left\{(x,y) = (2,1) \text{ ou } (-2,-1) \text{ ou } \left(\dfrac{\sqrt{3}}{3}, 2\sqrt{3}\right) \text{ ou } \left(-\dfrac{\sqrt{3}}{3},-2\sqrt{3}\right)\right\}$ c) $S = \{(x,y) = (3,-5) \text{ ou } (-5,3)\}$

d) $S = \left\{(x,y) = (2,3) \text{ ou } \left(\dfrac{2}{5},-1\right)\right\}$ **63.** a) $S = \{(x,y) = (2,3) \text{ ou } (3,2) \text{ ou } (-2,-3) \text{ ou } (-3,-2)\}$

b) $S = \left\{(x,y) = (3,4) \text{ ou } (-3,-4) \text{ ou } \left(-\dfrac{7\sqrt{2}}{2},\dfrac{\sqrt{2}}{2}\right) \text{ ou } \left(\dfrac{7\sqrt{2}}{2},-\dfrac{\sqrt{2}}{2}\right)\right\}$ c) $S = \{(x,y) = (1+\sqrt{3}, 1-\sqrt{3}) \text{ ou } (1-\sqrt{3}, 1+\sqrt{3})\}$

64. a) $S = \left\{(x,y) = (1,-2) \text{ ou } \left(-\dfrac{3}{2},-\dfrac{13}{4}\right)\right\}$ b) $S = \left\{(x,y) = (1,-2) \text{ ou } \left(-\dfrac{28}{3},\dfrac{149}{3}\right)\right\}$ c) $S = \{(x,y) = (1,2) \text{ ou } (2,1)\}$

d) $S = \{(x,y) = (3,2) \text{ ou } (-2,-3)\}$ **65.** $S = \{(x,y) = (\sqrt{2},2) \text{ ou } (\sqrt{2},-2) \text{ ou } (-\sqrt{2},2) \text{ ou } (-\sqrt{2},-2)\}$

66. $S = \{(x,y) = (5,0) \text{ ou } (3,2) \text{ ou } (2,-3) \text{ ou } (0,-1)\}$ **67.** $S = \{(x,y) = (2,1)\}$ **68.** $S = \{(x,y) = (2,2)\}$

69. $S = \{(x,y) = (5,2) \text{ ou } (-2,-5)\}$ **70.** $S = \{(x,y) = (4,2) \text{ ou } (-4,-2) \text{ ou } (2,4) \text{ ou } (-2,-4)\}$

71. $S = \left\{(x,y) = \left(\dfrac{5+\sqrt{5}}{2},\dfrac{-5+\sqrt{5}}{2}\right) \text{ ou } \left(\dfrac{5-\sqrt{5}}{2},\dfrac{-5-\sqrt{5}}{2}\right) \text{ ou } \left(\dfrac{3+\sqrt{21}}{2},\dfrac{-3+\sqrt{21}}{2}\right) \text{ ou } \left(\dfrac{3-\sqrt{21}}{2},\dfrac{-3-\sqrt{21}}{2}\right)\right\}$

72. $S = \{(x,y) = (2,3) \text{ ou } (3,2)\}$

Problemas Gerais

73. 6 anos   **74.** 3 e 9   **75.** 1, 2 e 3   **76.** 3   **77.** 2 e 3 ou −6 e −7   **78.** 2 e 4   **79.** base = 14 m e altura = 2m
80. 3 e 6   **81.** 28   **82.** 2 e 5   **83.** R$ 2,00   **84.** 2 e 4   **85.** −4 ou 10   **86.** 9 cm e 10 cm
87. 10 e 15 anos   **88.** 7 e 14   **89.** 4 e 12   **90.** 3 e 7   **91.** 4 e 5   **92.** −26 e 2 ou −2 e 26   **93.** 5 e 27
94. 5 e 10   **95.** 5 e 13   **96.** −1, 0 e 1 ou 3, 4 e 5

Sistemas Gerais de Equações

97. $S = \{(x,y) = (1,1)\}$ **98.** $S = \left\{(x,y) = (3,1) \text{ ou } \left(-\dfrac{10}{3},-\dfrac{10}{9}\right)\right\}$

99. $S = \left\{(x,y) = \left(\dfrac{1}{3},\dfrac{1}{4}\right) \text{ ou } \left(\dfrac{1}{3},-\dfrac{1}{4}\right) \text{ ou } \left(-\dfrac{1}{3},-\dfrac{1}{4}\right) \text{ ou } \left(-\dfrac{1}{3},\dfrac{1}{4}\right)\right\}$ **100.** $S = \left\{(x,y) = (1,2) \text{ ou } \left(-\dfrac{5}{3},\dfrac{10}{3}\right)\right\}$

101. $S = \left\{(x,y) = \left(\dfrac{1}{2},\dfrac{1}{3}\right)\right\}$ **102.** $S = \{(x,y) = (5,4) \text{ ou } (4,5)\}$ **103.** $S = \left\{(x,y) = (5,3) \text{ ou } \left(\dfrac{3}{4},-\dfrac{5}{4}\right)\right\}$

104. $S = \{(x,y) = (3,-2)\}$ **105.** $S = \{(x,y) = (9,12) \text{ ou } (-12,-9)\}$ **106.** $S = \{(x,y) = (3,1) \text{ ou } (-2,6)\}$

107. $S = \{(x,y) = (2,1) \text{ ou } (-2,1) \text{ ou } (2,-1) \text{ ou } (-2,-1)\}$ **108.** $S = \{(x,y) = (a-b, a+b) \text{ ou } (a+b, a-b)\}$

109. $S = \{(x,y) = (a^2, ab) \text{ ou } (-a^2, -ab), \text{ com } b \neq 0\}$ **110.** $S = \{6\}$ **111.** $S = \{(x,y) = (3,3)\}$ **112.** $S = \{1\}$

113. $S = \{3\}$

Relações e Funções

114. a) {(5,−1),(5,2),(6,−1),(6,2)}   b) {(−1,5),(−1,6),(2,5),(2,6)}   c) {(5,5),(5,6),(6,5),(6,6)}

d) {(−1,−1),(−1,2),(2,2),(2,−1)}   **115.**

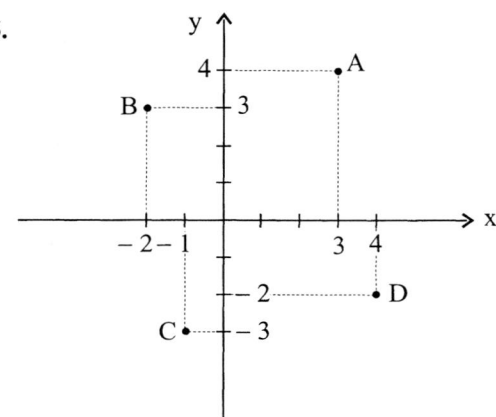

116. a) {(−1,2),(−1,−3),(2,2),(2,−3),(3,2),(3,−3)}   b)

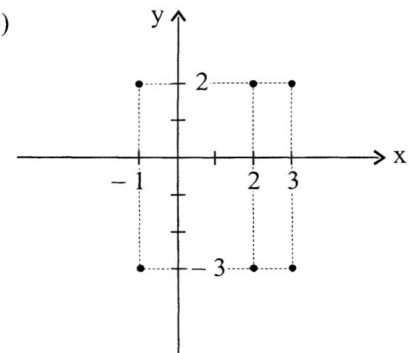

117. $A = \left\{-3, -\frac{1}{2}, 2, 3, ...\right\}$ $B = \left\{1, 0, -\frac{1}{2}, 2, ...\right\}$ **118.** a) $A = \{-4, -3, 0, 1, 3\}$

b) $B = \{-4, -3, -2, -1, 0, 1, 3\}$ **119.** a) $S = \{(x,y) = (-2,3)\}$ b) $S = \{(x,y) = (-3,2)\}$

c) $S = \{(x,y) = (-1,-4)\}$ d) $S = \{(x,y) = (1,3)\}$ e) $S = \{(x,y) = (6,-5)\}$ f) $S = \{(x,y) = (-2,-3) \text{ ou } (3,2)\}$

g) $S = \{(x,y) = (2,-4) \text{ ou } (2,1)$ h) $S = \{(x,y) = (\sqrt{2},1) \text{ ou } (\sqrt{2},-1) \text{ ou } (-\sqrt{2},1) \text{ ou } (-\sqrt{2},-1)\}$

i) $S = \{(x,y) = (4,-2) \text{ ou } (2,-4)$ j) $S = \left\{(x,y) = (0,1) \text{ ou } \left(-\frac{5}{4}, \frac{7}{2}\right)\right\}$ **120.** R: {(1,3),(1,5),(2,3),(2,5),(3,5),(4,5)}

121. a)   b)

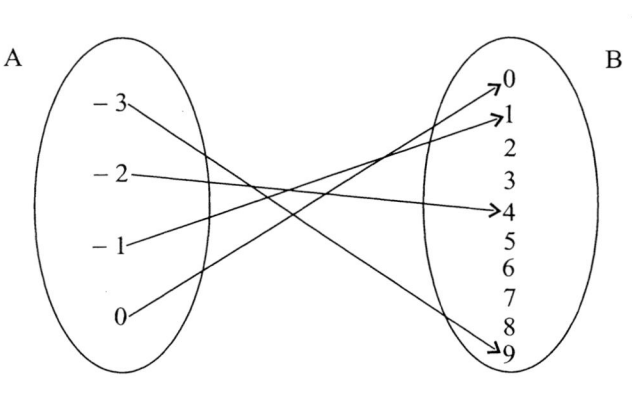

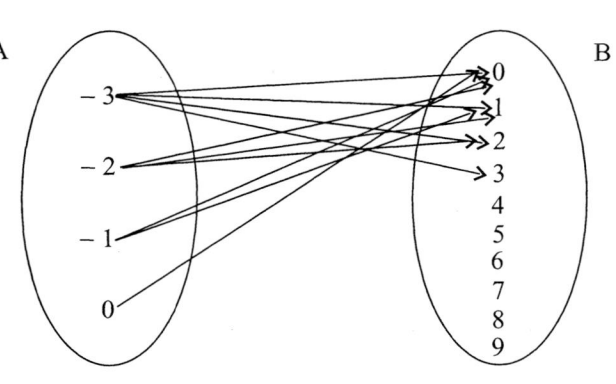

122.

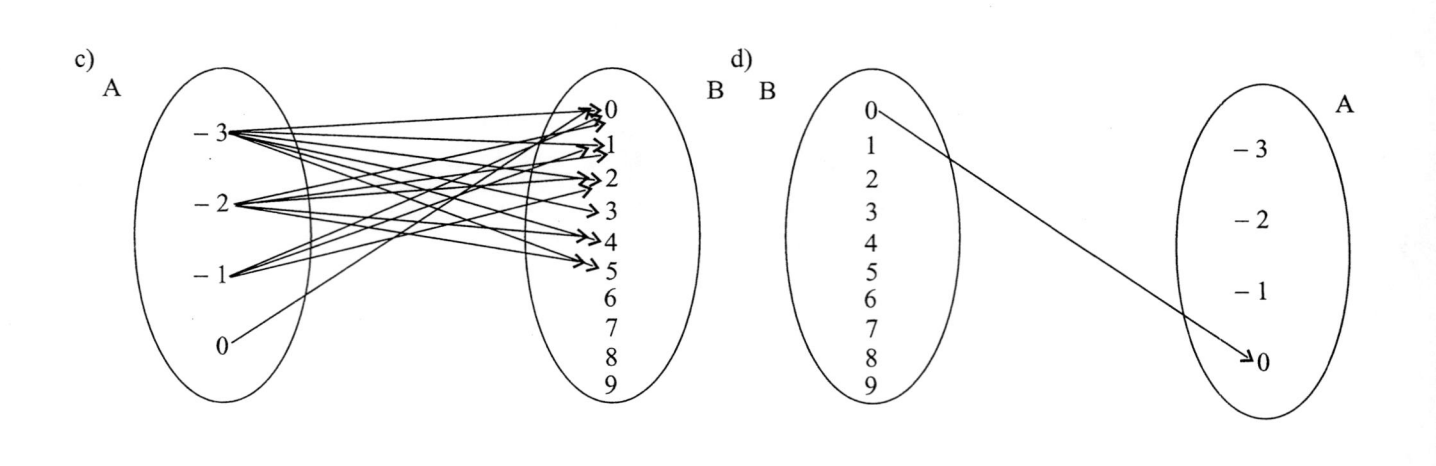

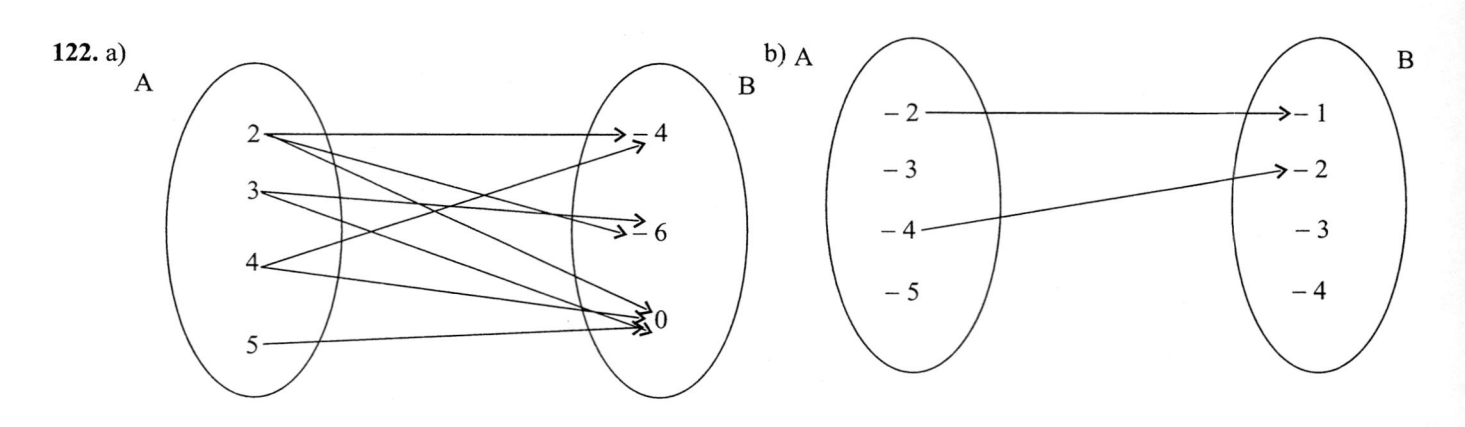

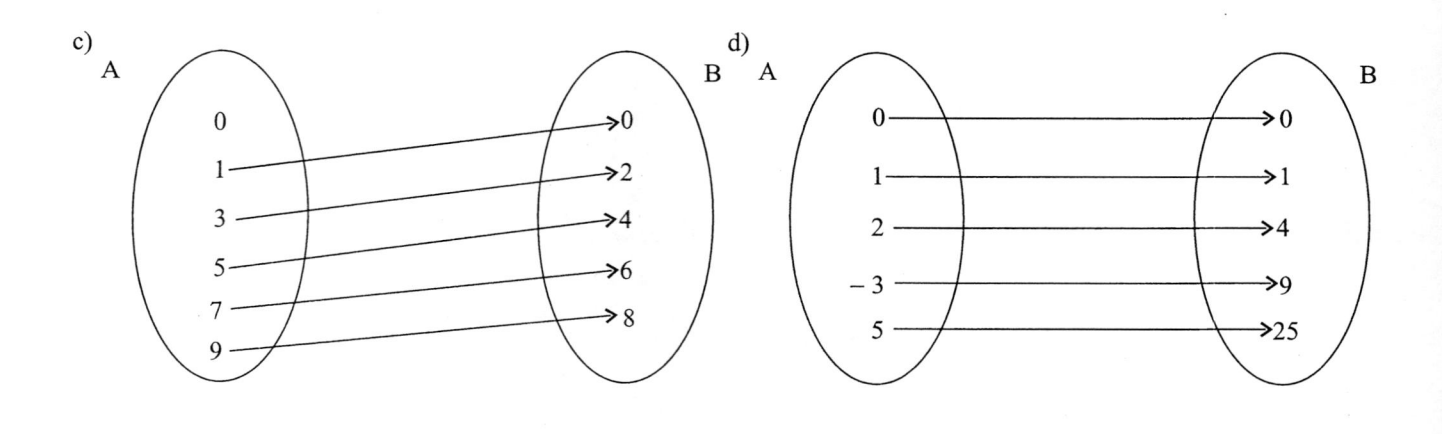

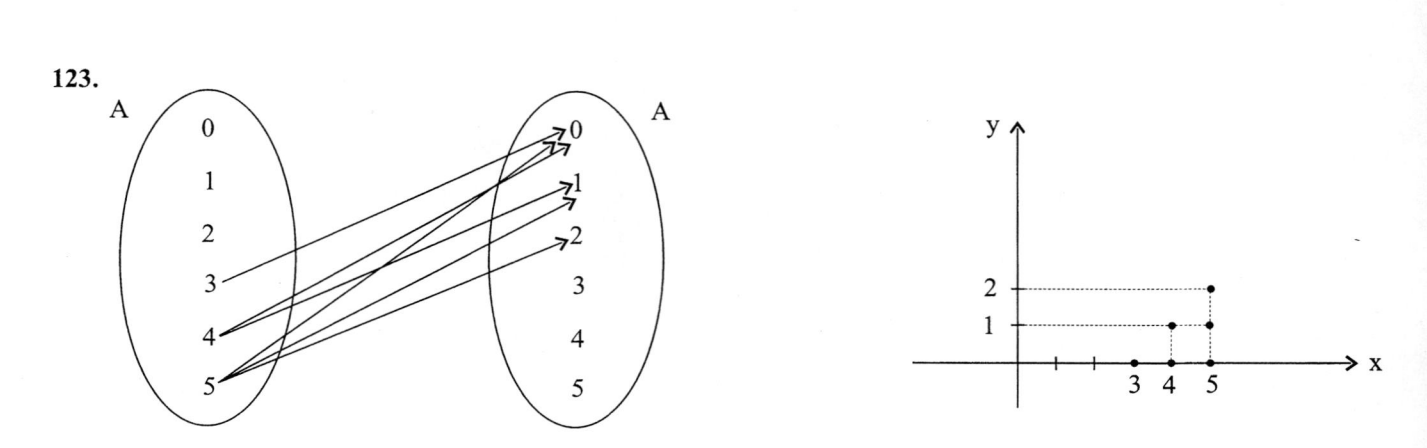

123.

124. a)

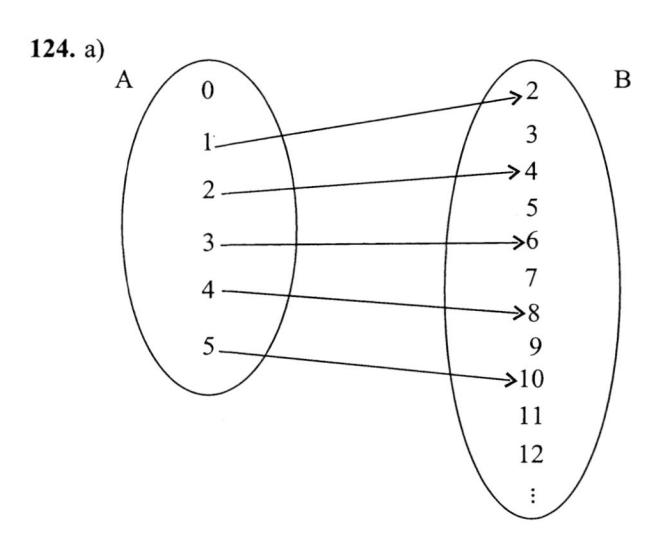

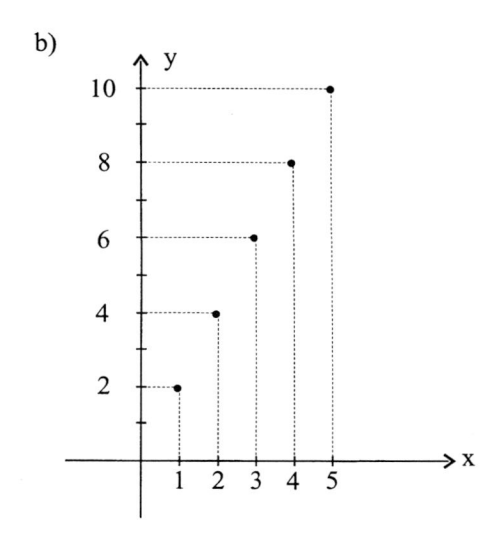

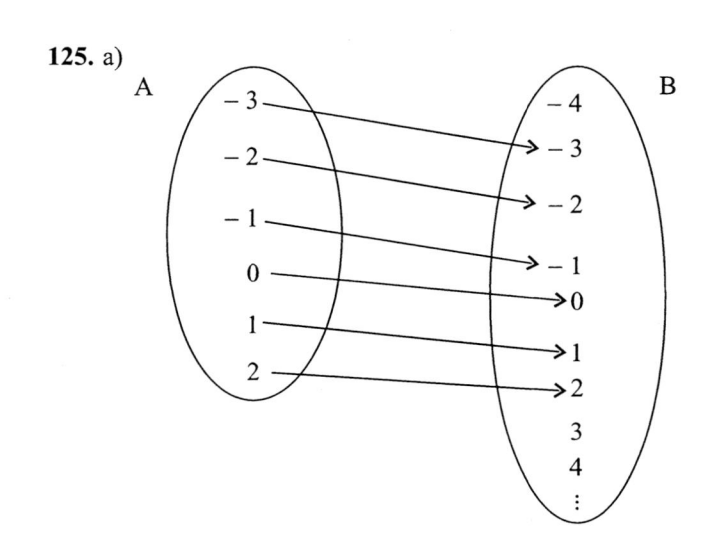

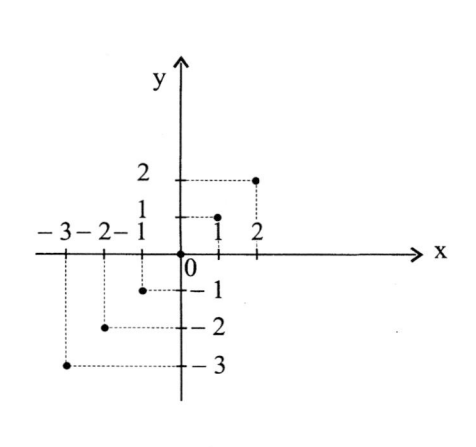

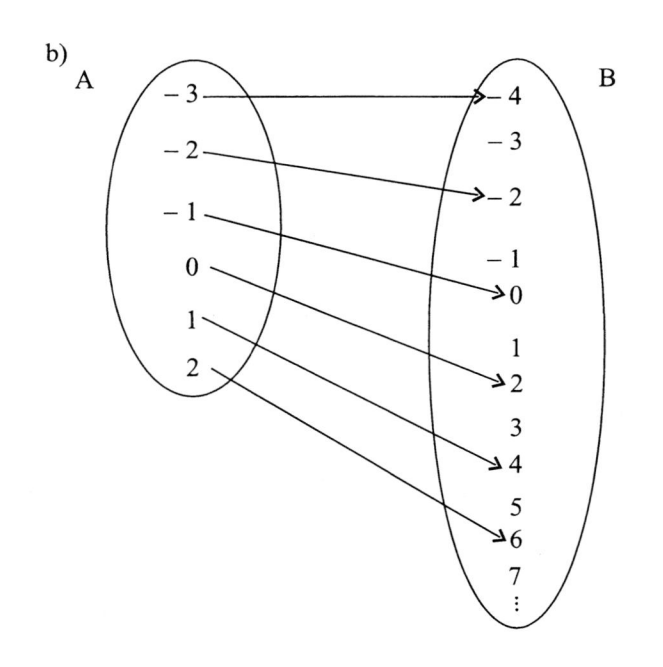

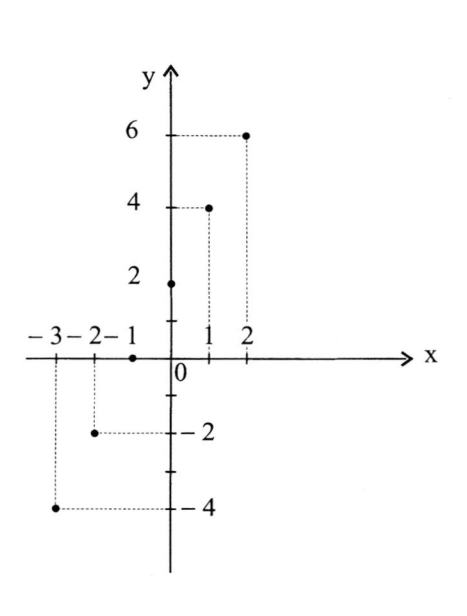

b)

125. a)

b)

191

c)

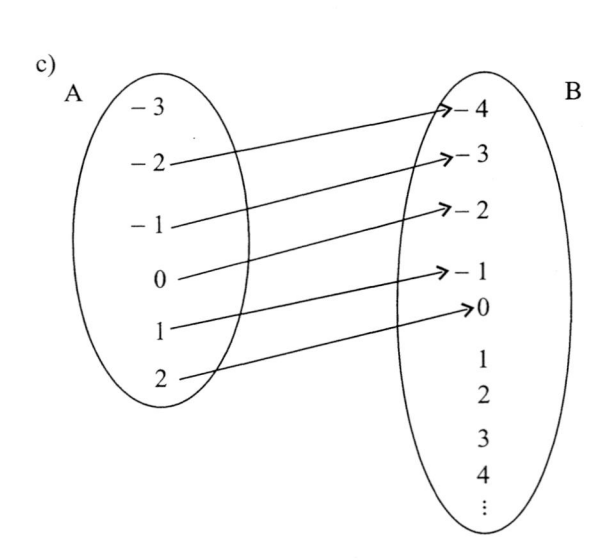

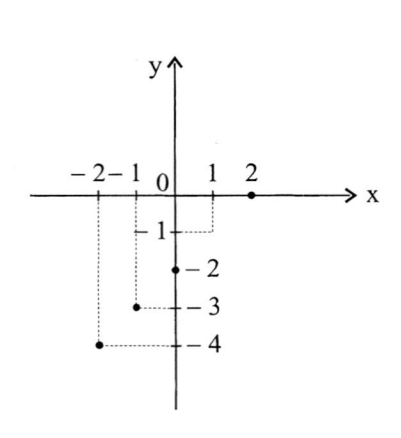

126. a) R_1: $\{(0,0),(1,1),(2,2),(3,3),(4,4)\}$ — R_1 é uma função de A em B.
b) R_2: $\{(-1,-2),(-2,-2),(-3,-2),(-4,-1),(-5,-1)\}$ — R_2 não é uma função em A em B.
c) R_3: $\left\{(0,0),\left(0,\dfrac{1}{2}\right),\left(-2,\dfrac{1}{3}\right),\left(-2,\dfrac{1}{4}\right),\left(-4,\dfrac{1}{5}\right)\right\}$ — R_3 é uma função em A em B.
d) R_4: $\left\{\left(-\dfrac{1}{2},0\right),\left(\dfrac{1}{2},1\right)\left(-\dfrac{1}{3},2\right),\left(\dfrac{1}{3},2\right)\right\}$ — R_4 é uma função em A em B.
e) R_5: $\{(0,0),(1,0),(2,0),(3,3),(4,3)\}$ — R_5 é uma função em A em B.
f) R_6: $\{(1,0),(1,1),(1,2),(1,3)\}$ — R_6 não é uma função de A em B.
g) R_7: $\{(0,1),(1,1),(2,1),(3,1),(4,1)\}$ — R_7 é uma função de A em B.

127. a) R b) F c) R d) F e) F   **128.** a) F b) F c) R d) F e) R   **129.** a) D = $\{1\}$ Im = $\{1,2,3,5\}$

b) D = $\{2,3,5,7\}$ Im = $\{1,4,6,8\}$ c) D = $\left\{\dfrac{1}{2},\dfrac{2}{3},1+\sqrt{3},0\right\}$ Im = $\left\{\dfrac{3}{5},-\sqrt{3},1\right\}$

d) D = $\{1,2,3,4\}$ Im = $\{1,2,3,4\}$ e) D = $\{0\}$ Im = $\{1,2,3,4\}$ **130.** a) R: $\{(0,0),(1,2),(2,4)\}$

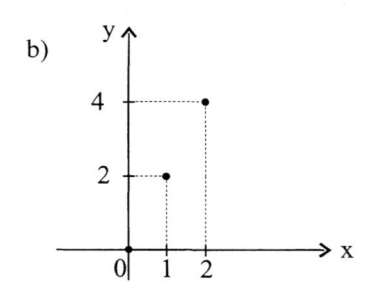

b)

c) D = $\{0,1,2\}$ Im = $\{0,2,4\}$ d) Não

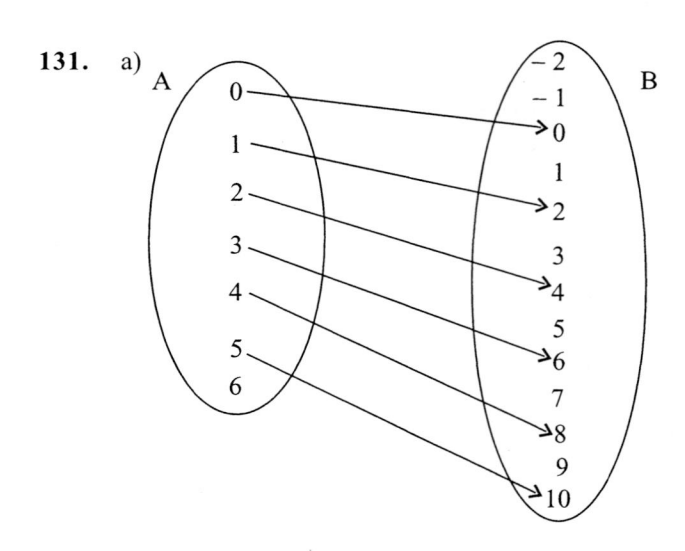

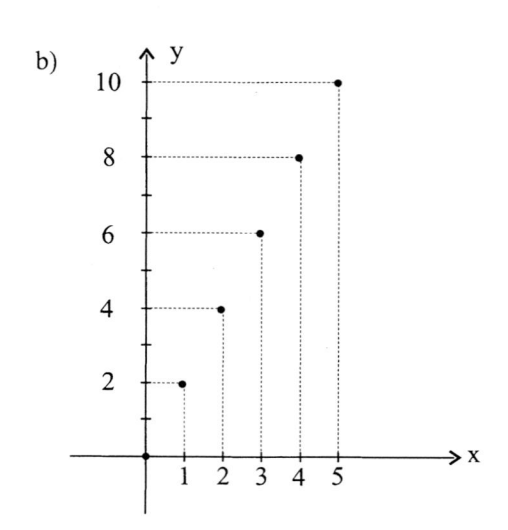

131. a)

b)

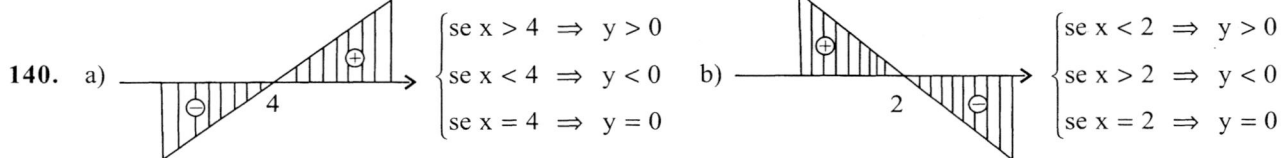

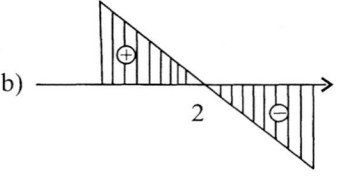

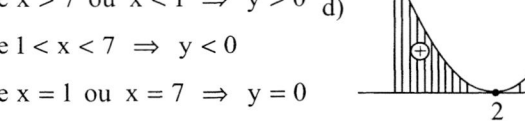

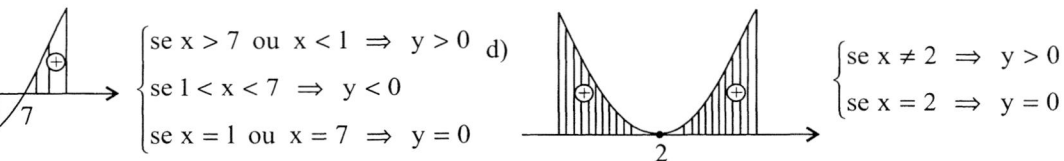

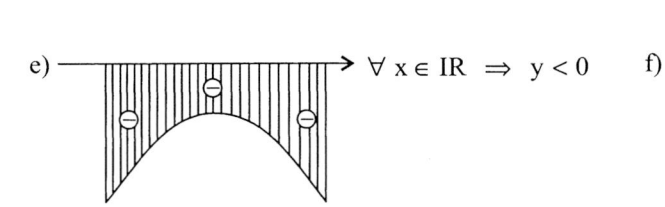

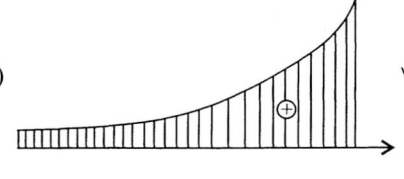

c) D = {0, 1, 2, 3, 4, 5} Im = {0, 2, 4, 6, 8, 10}   d) Não   **132.** a) $y = \dfrac{15}{2}$ b) $y = \dfrac{25}{6}$ c) $x = \dfrac{22}{5}$

d) $x = -\dfrac{1}{5}$ e) $x = 0$ **133.** a) $F(0) = -5$ b) $F(1) = -4$ c) $F(3) = -2$ d) $F\left(-\dfrac{1}{2}\right) = -\dfrac{11}{2}$

e) $F(3) = -2$ f) $F\left(\dfrac{1}{5}\right) = -\dfrac{24}{5}$ **134.** a) $x = 3$ ou $x = -1$ b) $x = 1 + \sqrt{3}$ ou $x = 1 - \sqrt{3}$ c) $x = 4$ ou $x = -2$

135.   a) $(0, -2)$ b) $\left(\dfrac{1}{3}, -4\right)$ c) $(2, 4)$ d) $(0, -2)$ e) $\left(\dfrac{2}{3}, 0\right)$ f) $(10, 28)$ **136.** a) $D = \{x \in \mathbb{R} \;/\; x \neq 1\}$

b) $D = \mathbb{R} - \left\{\dfrac{3}{4}\right\}$ c) $D = \{x \in \mathbb{R} \;/\; x \geq 2$ e $x \neq 8\}$ d) $D = \left\{x \in \mathbb{R} \;/\; x \geq -\dfrac{7}{3}\right\}$ e) $D = \mathbb{R} - \{1\}$

f) $D = \mathbb{R} - \{-3, 3\}$ g) $D = \{x \in \mathbb{R} \;/\; x \geq -10\}$ h) $D = \{x \in \mathbb{R} \;/\; x \geq -9\}$ i) $D = \mathbb{R} - \left\{-5, \dfrac{3}{2}\right\}$ j) $D = \mathbb{R} - \{2, 3\}$

137.   a) $D = \{x \in \mathbb{R} \;/\; x \geq 2\}$ b) $x = 26$ c) $y = 0$ d) $\nexists\, y \in \mathbb{R}$ **138.** a) $\nexists\, y \in \mathbb{R}$ b) $x = 2$ ou $x = 4$

c) $x = 3$ d) $x = 1$ ou $x = 5$ **139.** a) $D = [0, 4]$, Im $= [-1, 2]$ b) $D = [-4, 6]$, Im $= [-2, 1]$

c) $D = [-3, 4]$, Im $= [-2, 2]$ d) $D = \mathbb{R}$, Im $= \mathbb{R}$ e) $D = \mathbb{R}$, Im $= \mathbb{R}$ f) $D = \{3\}$, Im $= \mathbb{R}$

140. a) [sign diagram, zero at 4] $\begin{cases} \text{se } x > 4 \Rightarrow y > 0 \\ \text{se } x < 4 \Rightarrow y < 0 \\ \text{se } x = 4 \Rightarrow y = 0 \end{cases}$ b) [sign diagram, zero at 2] $\begin{cases} \text{se } x < 2 \Rightarrow y > 0 \\ \text{se } x > 2 \Rightarrow y < 0 \\ \text{se } x = 2 \Rightarrow y = 0 \end{cases}$

c) [sign diagram, zeros at 1 and 7] $\begin{cases} \text{se } x > 7 \text{ ou } x < 1 \Rightarrow y > 0 \\ \text{se } 1 < x < 7 \Rightarrow y < 0 \\ \text{se } x = 1 \text{ ou } x = 7 \Rightarrow y = 0 \end{cases}$ d) [sign diagram, zero at 2] $\begin{cases} \text{se } x \neq 2 \Rightarrow y > 0 \\ \text{se } x = 2 \Rightarrow y = 0 \end{cases}$

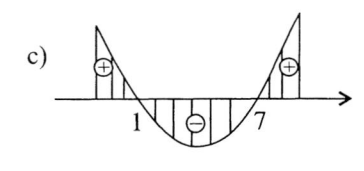

e) [sign diagram, all negative] $\forall\, x \in \mathbb{R} \Rightarrow y < 0$ f) [sign diagram, all positive] $\forall\, x \in \mathbb{R} \Rightarrow y > 0$

g) [sign diagram, zeros at -1, 3, 4] $\begin{cases} \text{se } x > 4 \text{ ou } x < 3 \text{ e } x \neq -1 \Rightarrow y > 0 \\ \text{se } 3 < x < 4 \Rightarrow y < 0 \\ \text{se } x = -1 \text{ ou } x = 3 \text{ ou } x = 4 \Rightarrow y = 0 \end{cases}$

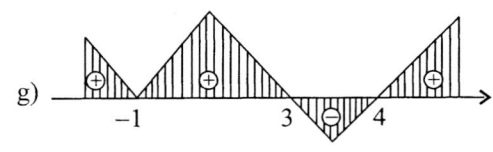

h) [sign diagram, zeros at -4, 1, 2, 4] $\begin{cases} \text{se } x > 4 \text{ ou } 1 < x < 2 \text{ ou } x < -4 \Rightarrow y > 0 \\ \text{se } 2 < x < 4 \text{ ou } -4 < x < 1 \Rightarrow y < 0 \\ \text{se } x = -4 \text{ ou } x = 1 \text{ ou } x = 2 \text{ ou } x = 4 \Rightarrow y = 0 \end{cases}$

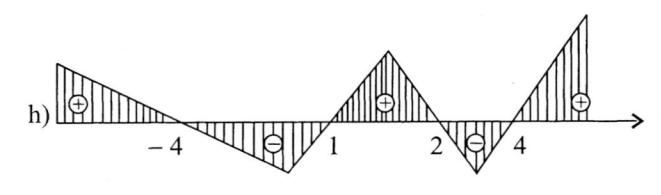

i) 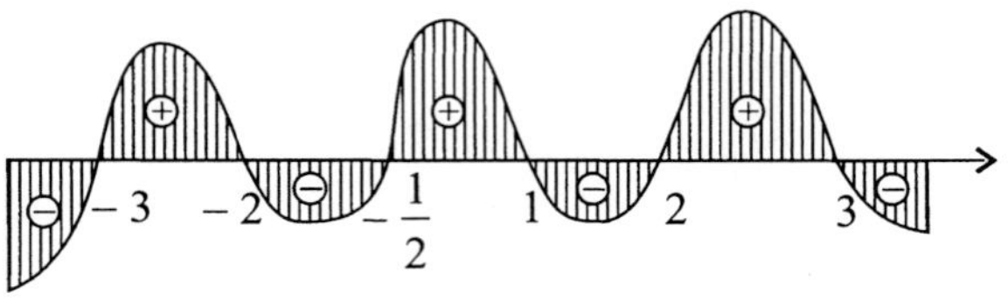 $\begin{cases} \text{se } x < -3 \text{ ou } -2 < x < -\dfrac{1}{2} \text{ ou } 1 < x < 2 \text{ ou } x > 3 \Rightarrow y < 0 \\ \text{se } -3 < x < -2 \text{ ou } -\dfrac{1}{2} < x < 1 \text{ ou } 2 < x < 3 \Rightarrow y > 0 \\ \text{se } x = 3 \text{ ou } x = -2 \text{ ou } -\dfrac{1}{2} \text{ ou } x = 1 \text{ ou } x = 2 \text{ ou } x = 3 \Rightarrow y = 0 \end{cases}$

j) 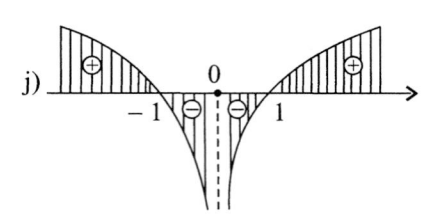 $\begin{cases} \text{se } x > 1 \text{ ou } x < -1 \Rightarrow y > 0 \\ \text{se } -1 < x < 1 \text{ e } x \neq 0 \Rightarrow y < 0 \\ \text{se } x = -1 \text{ ou } x = 1 \Rightarrow y = 0 \end{cases}$

k) 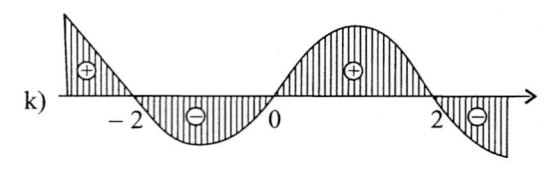 $\begin{cases} \text{se } x > 2 \text{ ou } -2 < x < 0 \Rightarrow y < 0 \\ \text{se } x < -2 \text{ ou } 0 < x < 2 \Rightarrow y > 0 \\ \text{se } x = -2 \text{ ou } x = 0 \text{ ou } x = 2 \Rightarrow y = 0 \end{cases}$

141. a) 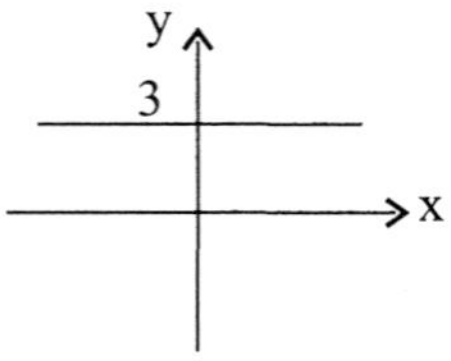 [gráfico y=3] b) [gráfico y=−2] c) [gráfico y=1/3] d) [gráfico y=7/3]
e) [gráfico y=−4] f) [gráfico y=−3/5] g) [gráfico y=−7/2] h) [gráfico y=4/3]

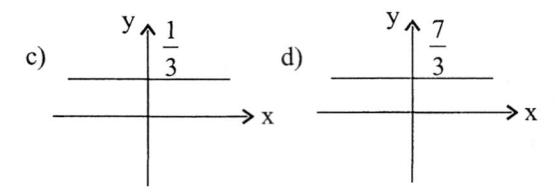

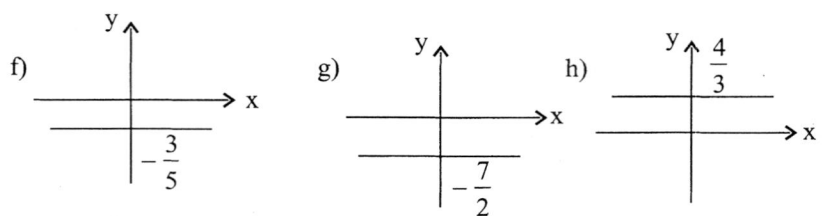

142. a) + + + → b) − − − → c) + + + → d) − − − →
e) − − − → f) + + + → **143.** a) − − − → b) 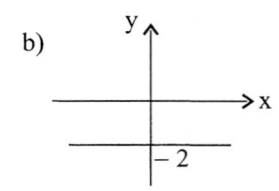 + + + →
c) + + + → d) − − − → e) 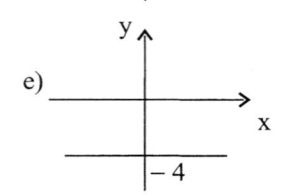 + + + → f) 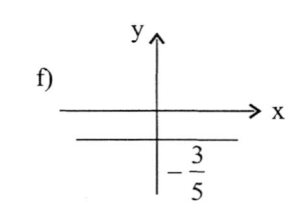 + + + →
g) − − − → h) + + + → i) − − − → j) − − − →

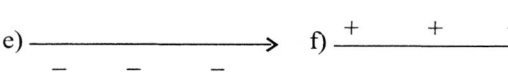

Função do 1º grau

144. a) $a=3, b=-2$ b) $a=4, b=1$ c) $a=-2, b=3$ d) $a=-1, b=2$ e) $a=m, b=n$ f) $a=-1, b=0$

g) $a=-3, b=2$ h) $a=4, b=5$ **145.** a) $\dfrac{1}{2}, b=0$ b) $a=-2, b=\dfrac{1}{5}$ c) $a=\dfrac{3}{2}, b=-\dfrac{1}{2}$

d) $a=-4, b=\dfrac{2}{5}$ e) $a=\dfrac{2}{3}, b=-1$ f) $a=-\dfrac{4}{5}, b=\dfrac{2}{5}$ g) $a=\dfrac{1}{2}, b=-\dfrac{3}{4}$ h) $a=\dfrac{1}{2}, b=-1$

i) $a=-\dfrac{1}{2}, b=\dfrac{1}{3}$ j) $a=-\dfrac{1}{5}, b=-\dfrac{2}{5}$ **146.** a) $a=5, b=1$ b) $a=2, b=5$ c) $a=-2, b=2$

d) $a=-8, b=4$ e) não é do 1º grau f) $a=3, b=0$ **147.** a) $a=\dfrac{1}{2}, b=-\dfrac{1}{2}$

b) $a=1, b=1$ c) $a=-1, b=-6$ d) $a=-20, b=-5$ e) $a=3, b=-6$ f) $a=7, b=-6$

Representação Gráfica da Função do 1º grau

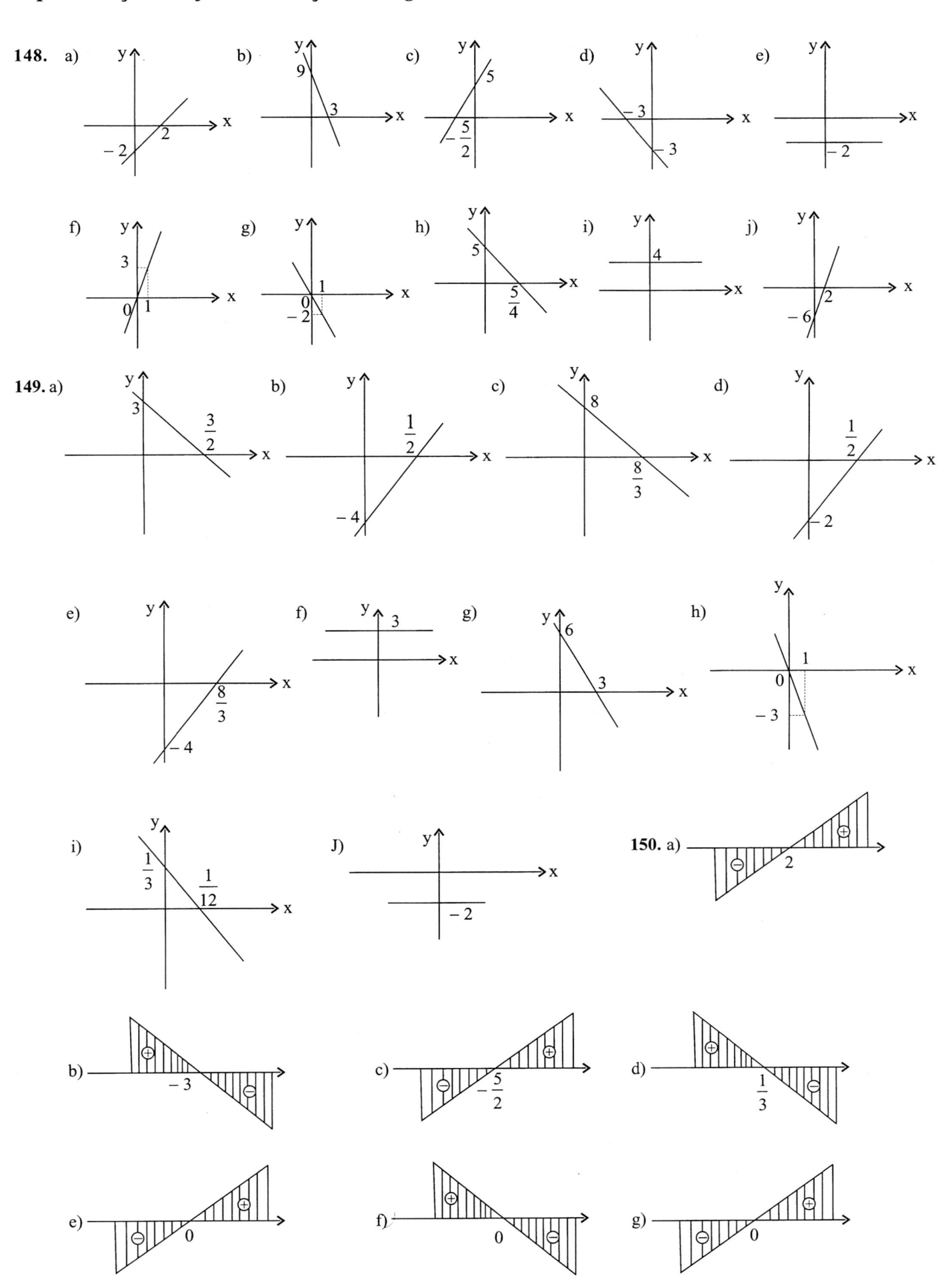

148. a) — j) [gráficos]

149. a) — j) [gráficos]

150. a) — g) [estudos de sinal]

151.

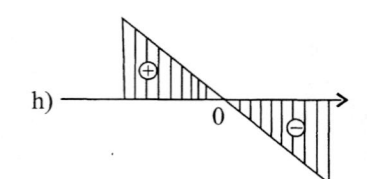

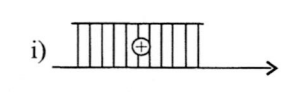

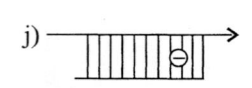

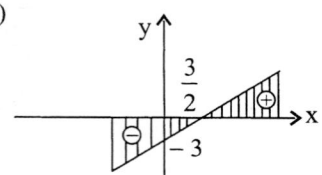

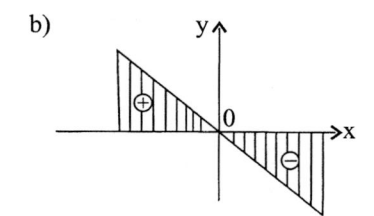

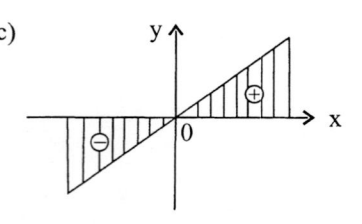

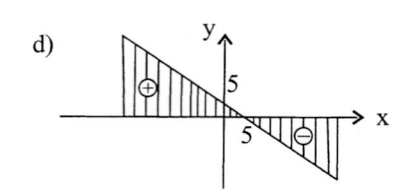

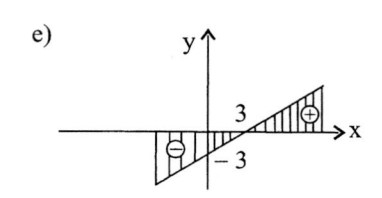

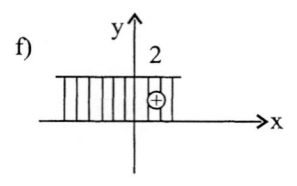

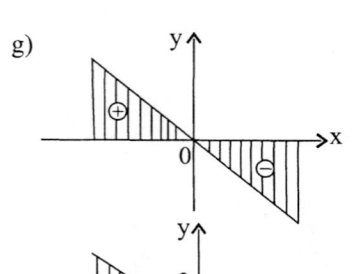

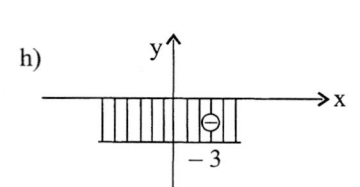

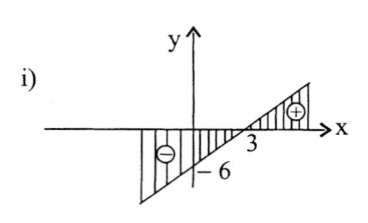

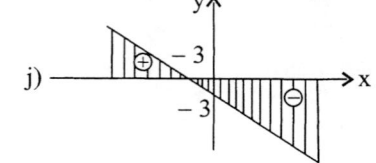

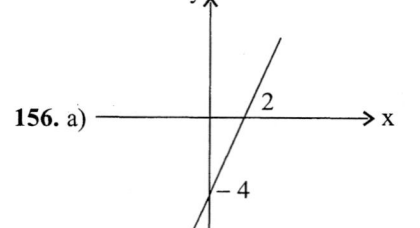

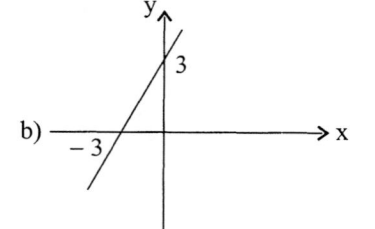

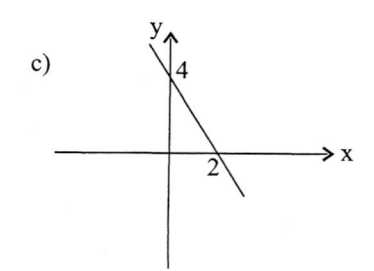

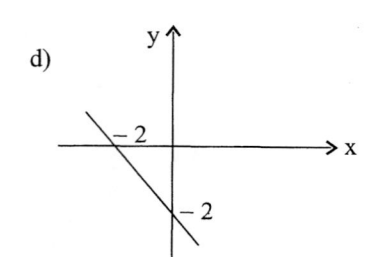

152. a) $a=2, b=-3$ b) $a=-3, b=4$ c) $a=\frac{1}{2}, b=-1$ d) $a=-3, b=0$ e) $a=8, b=0$ f) $a=\frac{1}{2}, b=5$ g) $a=\frac{3}{2}, b=-1$ h) $a=\frac{2}{3}, b=-\frac{5}{3}$

153. b) $(0,-2), \left(\frac{2}{3},0\right)$ c) $(0,-4), (2,0)$ d) $(0,5), \left(-\frac{5}{7},0\right)$ e) $(0,1), \left(\frac{1}{3},0\right)$

154. a) $(1,-1)$ b) $(-2,-7)$ c) $\left(\frac{1}{2},-2\right)$ d) $\left(\frac{3}{2},0\right)$ e) $\left(\frac{3}{4},-\frac{3}{2}\right)$ f) $(5,7)$ g) $\left(\frac{5}{2},2\right)$ h) $(0,-3)$ i) $(2,1)$ j) $\left(\frac{1}{2},-2\right)$

155. a) $a>0, b<0$ b) $a>0, b>0$ c) $a>0, b=0$ d) $a<0, b>0$ e) $a<0, b=0$ f) $a<0, b<0$

156.

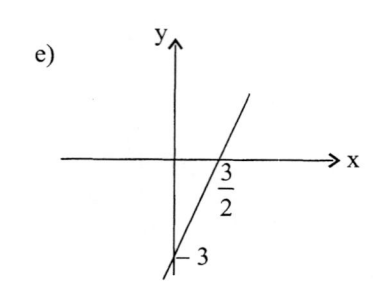

160. a) $F(-1) = 1$ b) $F(2) = -1$

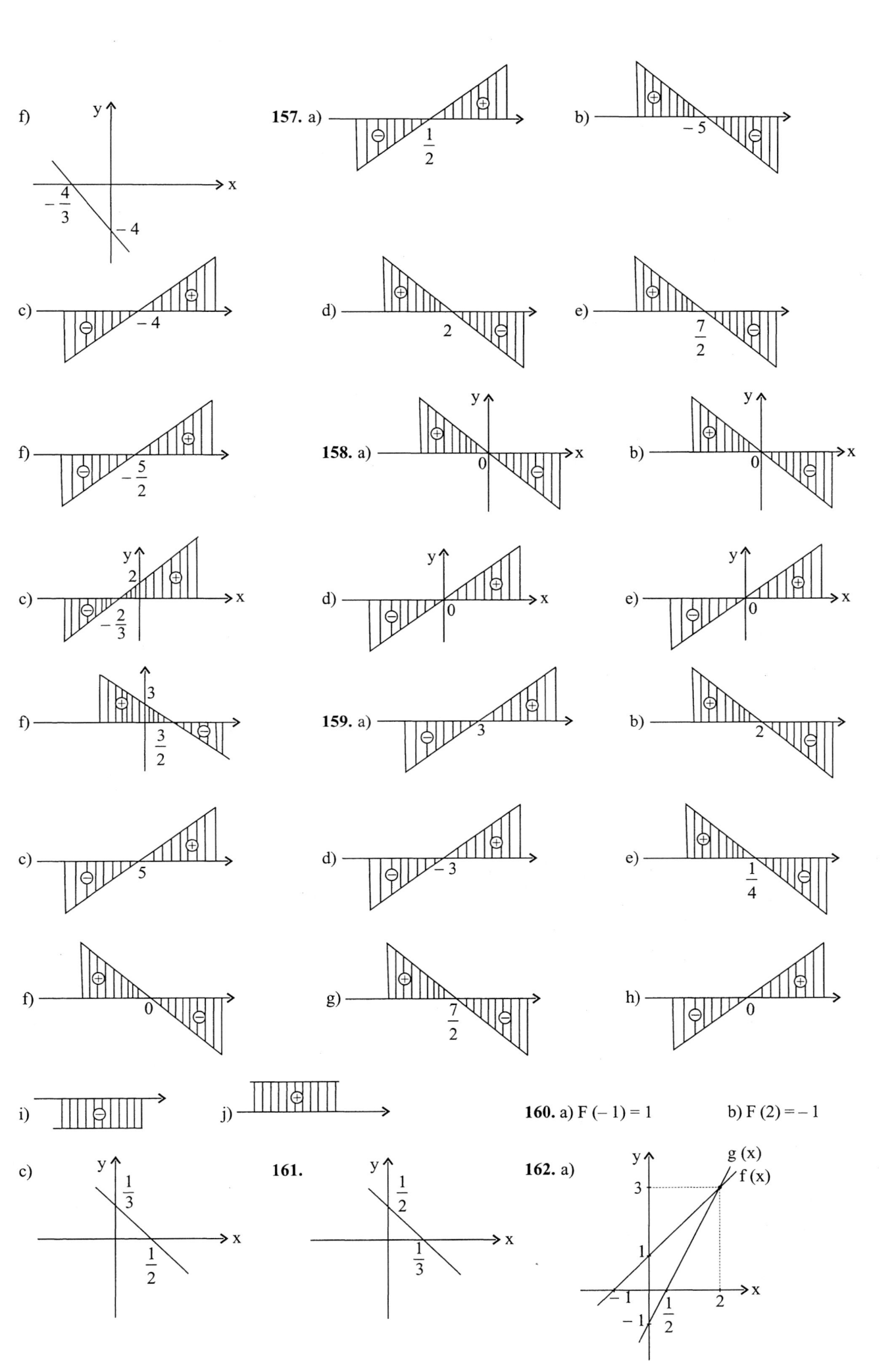

b) $S = \{(x,y) = (2,3)\}$ 163. $S = \{(x,y) = (-2,-8)\}$ 164. $S = \{(x,y) = (2,6)\}$

165. $F(x) = 2x - 3$ 166. $y = -2x + 2$ 167. $y = -x + 2$ 168. a) $(a,b) = (0,-1)$ b)

169. $F(x) = \dfrac{4x+5}{3}$ 170. $F(x) = 3x - 1$ 171. $F(x) = -x + 2$ 172. $F(x) = x$ 173. a) $S = \left\{x \in \mathbb{R} / x \geq \dfrac{3}{2}\right\}$

b) $S = \{x \in \mathbb{R} / x \leq 3\}$ c) $S = \left\{x \in \mathbb{R} / x \leq \dfrac{5}{4}\right\}$ d) $S = \left\{x \in \mathbb{R} / x \geq -\dfrac{2}{5}\right\}$ e) $S = \{x \in \mathbb{R} / x \geq 3\}$

f) $S = \{x \in \mathbb{R} / x \leq 4\}$ g) $S = \left\{x \in \mathbb{R} / x \geq -\dfrac{4}{3}\right\}$ h) $S = \left\{x \in \mathbb{R} / x \geq \dfrac{7}{5}\right\}$ 174. a) $S = \left\{x \in \mathbb{R} / x < -\dfrac{1}{2}\right\}$

b) $S = \left\{x \in \mathbb{R} / x < \dfrac{1}{2}\right\}$ c) $S = \left\{x \in \mathbb{R} / x < \dfrac{1}{2}\right\}$ d) $S = \left\{x \in \mathbb{R} / x > -\dfrac{3}{2}\right\}$ e) $S = \{x \in \mathbb{R} / x > 0\}$

f) $S = \{x \in \mathbb{R} / x < 0\}$ g) $S = \left\{x \in \mathbb{R} / x < \dfrac{2}{5}\right\}$ h) $S = \left\{x \in \mathbb{R} / x > \dfrac{1}{2}\right\}$

Inequação do 1º grau

175. a) $S = \{x \in \mathbb{R} / x < 6\}$ b) $S = \left\{x \in \mathbb{R} / x \leq \dfrac{1}{2}\right\}$ c) $S = \{x \in \mathbb{R} / x < 4\}$ d) $S = \{x \in \mathbb{R} / x \geq 1\}$

e) $S = \left\{x \in \mathbb{R} / x \geq \dfrac{3}{2}\right\}$ f) $S = \left\{x \in \mathbb{R} / x < -\dfrac{3}{2}\right\}$ 176. a) $S = \{x \in \mathbb{R} / x \leq -2\}$ b) $S = \{x \in \mathbb{R} / x < 35\}$

c) $S = \{x \in \mathbb{R} / x > -1\}$ 177. a) $S = \{x \in \mathbb{R} / x < -4\}$ b) $S = \{x \in \mathbb{R} / x \leq 2\}$ c) $S = \{x \in \mathbb{R} / x < -12\}$

d) $S = \{x \in \mathbb{R} / x < -1\}$ e) $S = \{x \in \mathbb{R} / x \geq 6\}$ f) $S = \{x \in \mathbb{R} / x > 1\}$ g) $S = \{x \in \mathbb{R} / x \geq 1\}$

h) $S = \{x \in \mathbb{R} / x \leq 3\}$ i) $S = \left\{x \in \mathbb{R} / x < \dfrac{16}{11}\right\}$ 178. a) $S = \{x \in \mathbb{R} / x \geq -2\}$ b) $S = \{x \in \mathbb{R} / x \leq 1\}$

c) $S = \left\{x \in \mathbb{R} / x \geq \dfrac{2}{3}\right\}$ d) $S = \left\{x \in \mathbb{R} / x \leq \dfrac{1}{2}\right\}$ e) $S = \{x \in \mathbb{R} / x \leq 2\}$ 179. a) $S = \left\{x \in \mathbb{R} / x \geq \dfrac{7}{17}\right\}$

b) $S = \left\{x \in \mathbb{R} / x > -\dfrac{3}{7}\right\}$ c) $S = \{x \in \mathbb{R} / x > 7\}$ d) $S = \left\{x \in \mathbb{R} / x > \dfrac{27}{20}\right\}$ e) $S = \left\{x \in \mathbb{R} / x \leq \dfrac{36}{31}\right\}$

Função do 2º grau

180. a) $S = \{1,3\}$ b) $S = \{1\}$ c) $S = \{-1,2\}$ d) $S = \{0,2\}$ e) $S = \{-3,3\}$ f) $S = \varnothing$

181. a) $S = \left\{1, \dfrac{3}{2}\right\}$ 182. a) $S = \{3,4\}$ b) $S = \{3\}$ c) $S = \{0,5\}$ d) $S = \varnothing$ e) $S = \{6,11\}$ f) $S = \{-3,3\}$

183. a) $S = \varnothing$ b) $S = \{-2,1\}$ 184. a) Sim b) Não c) Sim d) Sim e) Sim f) Não

185. a) raízes reais distintas b) raízes reais iguais c) raízes reais distintas d) raízes não reais

e) raízes reais distintas f) raízes reais distintas 186. $S = \{K \in \mathbb{R} / K \geq -4\}$ 187. $S = \{m \in \mathbb{R} / m \leq 0\}$

188. $S = \left\{m \in \mathbb{R} / m > \dfrac{23}{16}\right\}$ 189. $S = \left\{\dfrac{10}{3}\right\}$ 190. a) $S = \left\{2, \dfrac{2}{3}\right\}$ b) $S = \{6 + 2\sqrt{6}, 6 - 2\sqrt{6}\}$

191. a) $S = \{m \in \mathbb{R} / m > 0\}$ b) $S = \left\{m \in \mathbb{R} / m > \dfrac{5}{3}\right\}$

Valor númerico de uma função

192. a) $F(0)=1$, $F(1)=0$, $F(5)=36$ b) $F(1)=6$, $F(-3)=-22$, $F\left(\dfrac{1}{2}\right)=3$

193. $F(-1)=0$, $F(2)=-3$, $F(0)=3$, $F\left(\dfrac{1}{2}\right)=3$ **194.** $F(1)=-4$, $F(0)=0$, $F(5)=0$, $F(\sqrt{2})=2-5\sqrt{2}$

195. $F(2)=\dfrac{41}{6}$, $F\left(-\dfrac{1}{2}\right)=-\dfrac{1}{2}$, $F(0)=-\dfrac{1}{2}$, $F(3)=\dfrac{29}{2}$

Forma Fatorada da Função do 2º grau

196. a) $F(x)=(x-3)(x-4)$ b) $F(x)=(x-3)(-2x-1)$ c) $F(x)=(x-1)(4x+1)$ d) $F(x)=(x-1)(3x-1)$

e) $F(x)=(3x-1)(4x+1)$ **197.** a) $F(x)=(x-3)(x-6)$ b) $F(x)=(x+7)(x-4)$ c) $F(x)=3(x-4)(x-3)$

d) $F(x)=2(x-3)^2$ e) $F(x)=(x-2)(2x+1)$ f) $F(x)=(3x-2)(2x-3)$ g) $F(x)=(5x+2)(x+2)$

h) $F(x)=(-4x+3)(x+2)$ **198.** a) $F(x)=(x-2)(x-3)$ b) $F(x)=(x-5)(x-2)$ c) $F(x)=(x+1)(x+3)$

d) $F(x)=(x-5)(x+1)$ e) $F(x)=(x+3)(x+7)$ f) $F(x)=2(x+3)^2$ g) $F(x)=2(x-3)(x+2)$

h) $F(x)=(x+4)(x-3)$ i) $F(x)=(x-5)(x-1)$ j) $F(x)=3(x+3)(x-1)$

199. a) $\dfrac{x-3}{x-5}$ b) $\dfrac{x+3}{x-5}$ c) $\dfrac{x+7}{2(x+3)}$ d) $\dfrac{2(x+2)}{x+4}$ e) $\dfrac{x-5}{3(x+3)}$ **200.** a) $\dfrac{-2x+5}{3x+1}$ b) $\dfrac{3x-2}{4x+1}$ c) $\dfrac{-2x-3}{5x-1}$

d) $\dfrac{5x+2}{-4x+3}$ **201.** $\dfrac{4x-1}{4x+1}$ **202.** $F(x)=x^2-6x+5$ **203.** $F(x)=3x^2-9x+6$ **204.** $F(x)=-2x^2+4x+6$

205. $F(x)=\dfrac{x^2}{4}-x-3$ **206.** $F(x)=x^2-x-2$ **207.** $F(x)=x^2-4x$ **208.** $F(x)=-x^2+4$

Representação gráfica da função do 2º grau

209. a) para cima   b) para baixo   c) para cima   d) para baixo   e) para cima   f) para baixo   g) para baixo   h) para cima
i) para baixo   j) para cima   **210.** $S=\{m \in \mathbb{R} / m > 3\}$ **211.** $S=\{K \in \mathbb{R} / K > -5\}$

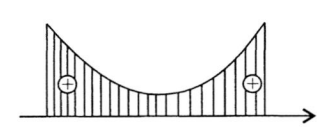

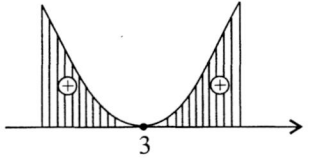

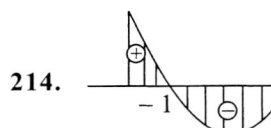

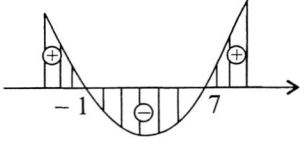

212. $\forall x \in \mathbb{R} \Rightarrow y > 0$

213. $\begin{cases} x \neq 3 \Rightarrow y > 0 \\ x = 3 \Rightarrow y = 0 \end{cases}$

214. $\begin{cases} x < -1 \text{ ou } x > 7 \Rightarrow y > 0 \\ -1 < x < 7 \Rightarrow y < 0 \\ x = -1 \text{ ou } x = 7 \Rightarrow y = 0 \end{cases}$

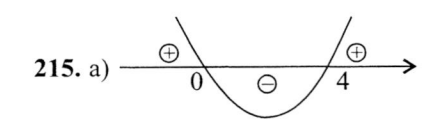

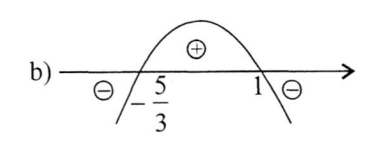

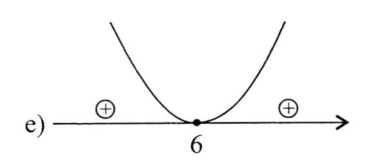

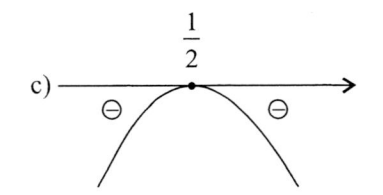

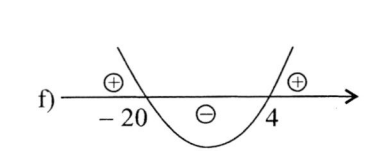

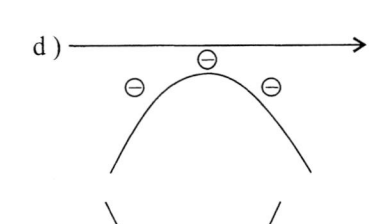

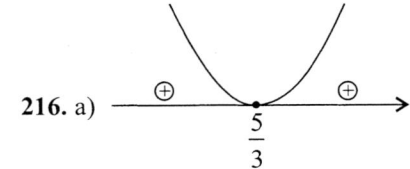

215. a), b), c), d), e), f)

216. a)

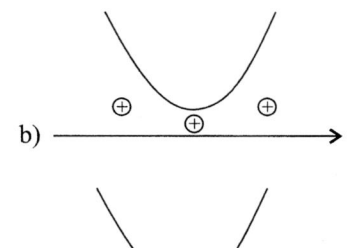

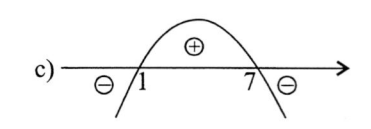

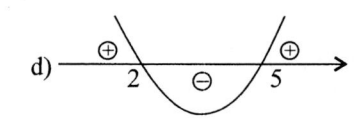

217. a) 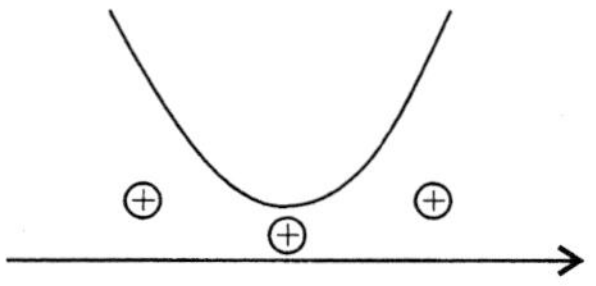 b) 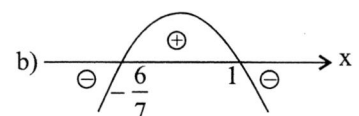 c) 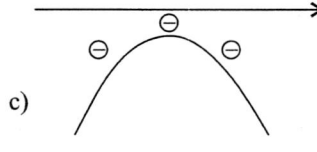 d) (sign diagrams)

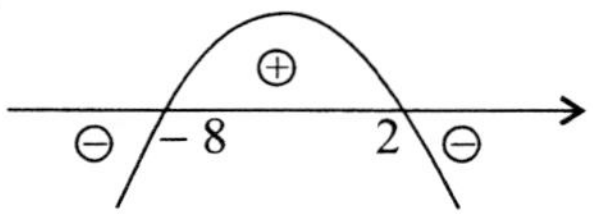

218. a) 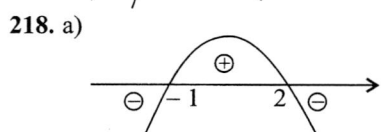 b) 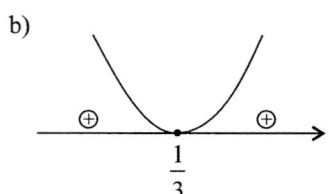 c) 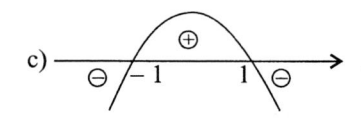 d) 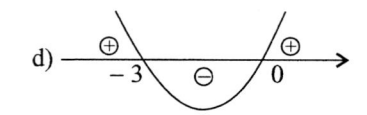 e) 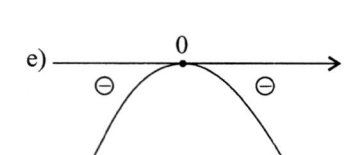 f) 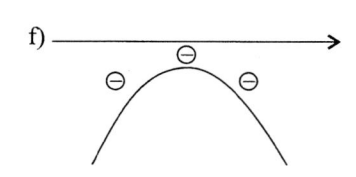 g) 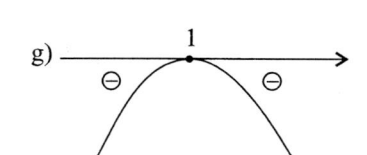 h) (sign diagrams)

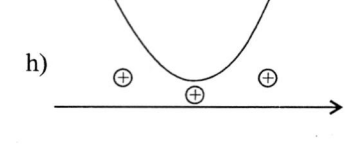

219. a) $S = \{x \in \mathbb{R} / x < 1 \text{ ou } x > 4\}$ b) $S = \mathbb{R}$ c) $S = \{x \in \mathbb{R} / x \neq -2\}$ d) $S = \{x \in \mathbb{R} / -2 < x < 3\}$

220. a) $S = \mathbb{R}$ b) $S = \mathbb{R}$ c) $S = \left\{x \in \mathbb{R} / 0 < x < \dfrac{3}{2}\right\}$ d) $S = \varnothing$

Características gráficas da função do 2º grau

221. a) $\text{Im} = \left\{y \in \mathbb{R} / y \geq -\dfrac{25}{4}\right\}$ b) $\text{Im} = \{y \in \mathbb{R} / y \leq 0\}$ c) $\text{Im} = \left\{y \in \mathbb{R} / y \geq -\dfrac{81}{8}\right\}$ d) $\text{Im} = \left\{y \in \mathbb{R} / y \leq \dfrac{1}{6}\right\}$

e) $\text{Im} = \{y \in \mathbb{R} / y \geq -9\}$ f) $\text{Im} = \left\{y \in \mathbb{R} / y \geq \dfrac{7}{8}\right\}$ g) $\text{Im} = \{y \in \mathbb{R} / y \leq 16\}$ h) $\text{Im} = \{y \in \mathbb{R} / y \geq 0\}$

222. (gráfico: parábola com raízes -7 e 1, vértice $(-3, -16)$, intercepto $y = -7$)

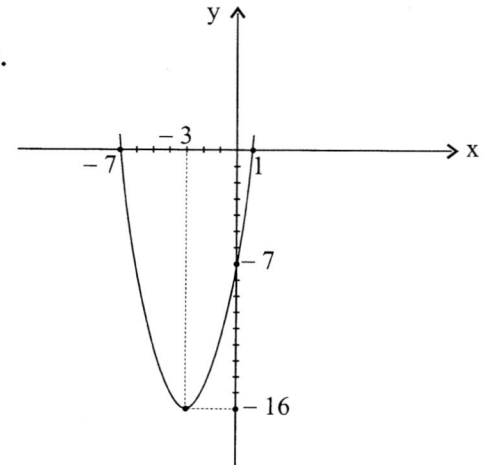

223. (gráfico: parábola com raízes $-\dfrac{7}{2}$ e 0, vértice $\left(-\dfrac{7}{4}, \dfrac{49}{8}\right)$)

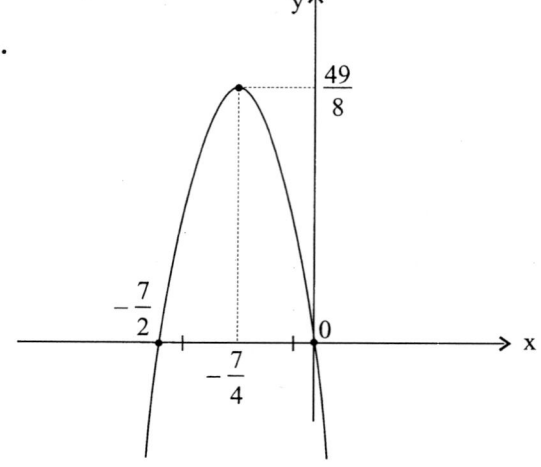

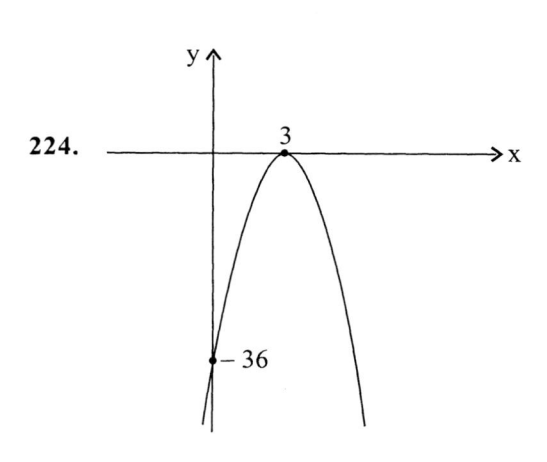

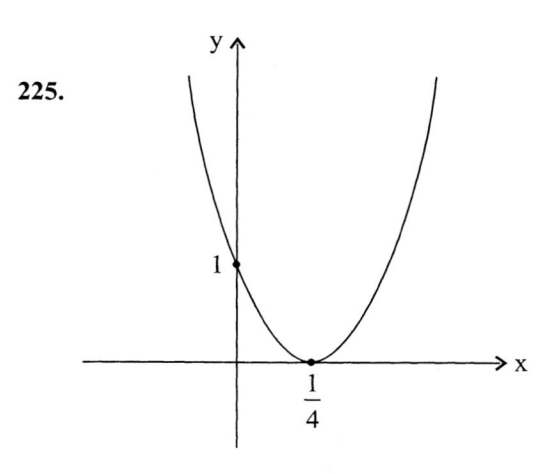

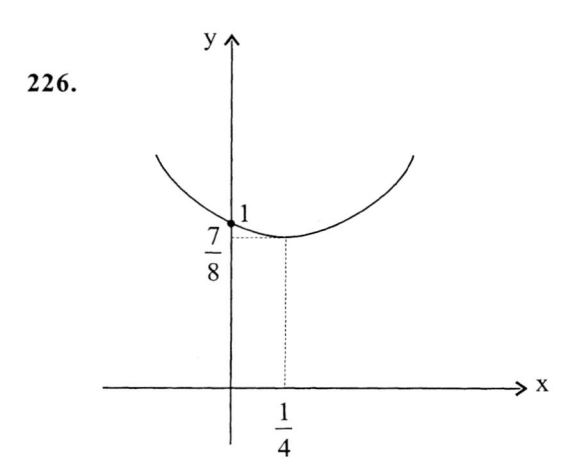

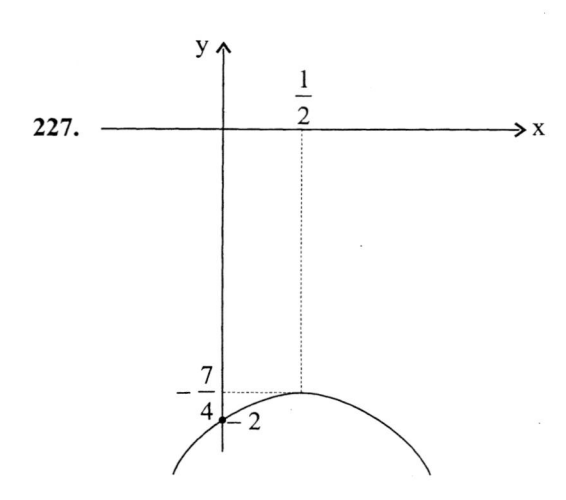

224. [graph: parabola opening down, vertex at x=3, y-intercept -36]

225. [graph: parabola opening up, y-intercept 1, touching x-axis at 1/4]

226. [graph: parabola opening up, vertex at (1/4, 7/8), y-intercept 1]

227. [graph: parabola opening down, vertex at (1/2, ...), passing through (-7/4, -2)]

228. a) $a > 0$ $b > 0$ $c > 0$ $\Delta > 0$
c) $a > 0$ $b < 0$ $c > 0$ $\Delta = 0$
f) $a < 0$ $b > 0$ $c < 0$ $\Delta < 0$
i) $a > 0$ $b = 0$ $c = 0$ $\Delta = 0$
c) $V(1, -9)$ d) -9 e) $D = \mathrm{IR}$ f) $\mathrm{Im} = \{y \in \mathrm{IR} / y \geq -9\}$ g) $\{x \in \mathrm{IR} / x < -2 \text{ ou } x > 4\}$
h) $\{x \in \mathrm{IR} / -2 < x < 4\}$

229. a) $a > 0$ $b < 0$ $c > 0$ $\Delta < 0$ b) $a > 0$ $b < 0$ $c > 0$ $\Delta > 0$
d) $a < 0$ $b > 0$ $c = 0$ $\Delta > 0$ e) $a < 0$ $b < 0$ $c > 0$ $\Delta > 0$
g) $a > 0$ $b > 0$ $c > 0$ $\Delta > 0$ h) $a < 0$ $b > 0$ $c < 0$ $\Delta = 0$
j) $a < 0$ $b < 0$ $c < 0$ $\Delta < 0$

230. a) -2 e 4 b) $(-8, 0)$

231. a) -6 e 2 b) $(0, 12)$ c) $V(-2, 16)$ d) 16 e) $D = \mathrm{IR}$
f) $\mathrm{Im} = \{y \in \mathrm{IR} / y \leq 16\}$ g) $\{x \in \mathrm{IR} / -6 \leq x \leq 2\}$ h) $\{x \in \mathrm{IR} / x < -6 \text{ ou } x > 2\}$

232. $S = \left\{m \in \mathrm{IR} / m < -\dfrac{1}{2}\right\}$ **233.** $S = \left\{m \in \mathrm{IR} / m < \dfrac{1}{3}\right\}$ **234.** $S = \{-1\}$ **235.** $S = \{-3, -11\}$

236. $S = \left\{-\dfrac{6}{5}\right\}$ **237.** $S = \left\{-\dfrac{5}{2}\right\}$

Inequações do 2º grau

238. a) $S = \{x \in \mathrm{IR} / -1 < x < 4\}$ b) $S = \{x \in \mathrm{IR} / x < -2 \text{ ou } x > 2\}$ c) $S = \varnothing$ d) $S = \mathrm{IR}$

239. a) $S = \left\{x \in \mathrm{IR} / 0 < x < \dfrac{3}{7}\right\}$ b) $S = \{x \in \mathrm{IR} / -7 < x < 7\}$ c) $S = \{x \in \mathrm{IR} / 1 < x < 5\}$

d) $S = \left\{x \in \mathrm{IR} / x < -1 \text{ ou } x > \dfrac{2}{5}\right\}$ **240.** a) $S = \left\{x \in \mathrm{IR} / -\dfrac{6}{7} < x < 1\right\}$ b) $S = \left\{x \in \mathrm{IR} / x \leq -\dfrac{5}{3} \text{ ou } x \geq 1\right\}$

c) $S = \left\{x \in \mathrm{IR} / x \neq \dfrac{5}{3}\right\}$ d) $S = \mathrm{IR}$ e) $S = \varnothing$ f) $S = \left\{x \in \mathrm{IR} / x < -\dfrac{2}{3} \text{ ou } x > -\dfrac{1}{2}\right\}$

241. a) $S = \{x \in \mathbb{R} / -4 < x < 2\}$ b) $S = \{5\}$ c) $S = \{x \in \mathbb{R} / -1 \leq x \leq 1\}$ d) $S = \mathbb{R}$

e) $S = \{x \in \mathbb{R} / x \neq 4\}$ f) $S = \emptyset$ g) $S = \emptyset$ h) $S = \{0\}$ i) $S = \{x \in \mathbb{R} / 0 < x < \frac{3}{2}\}$

j) $S = \{x \in \mathbb{R} / x < -\frac{1}{2} \text{ ou } x > 2\}$ k) $S = \emptyset$ l) $S = \{x \in \mathbb{R} / -\sqrt{2} < x < \sqrt{2}\}$

242. $S = \{x \in \mathbb{R} / -\frac{3}{5} < x < 3\}$ **243.** $S = \{x \in \mathbb{R} / x \neq \frac{1}{2}\}$ **244.** $S = \{x \in \mathbb{R} / x \leq \frac{1}{2} \text{ ou } x \geq 6\}$

245. $S = \{x \in \mathbb{R} / \frac{1}{5} \leq x \leq 2\}$ **246.** $S = \{m \in \mathbb{R} / -4 < m < 1\}$ **247.** $S = \{m \in \mathbb{R} / -1 < m < \frac{1}{3}\}$

248. $S = \{m \in \mathbb{R} / m < -\frac{13}{12}\}$ **249.** $S = \{m \in \mathbb{R} / m \leq \frac{17}{16}\}$ **250.** $S = \{-1, \frac{1}{3}\}$ **251.** $S = \{m \in \mathbb{R} / m > \frac{1}{8}\}$

252. $S = \{p \in \mathbb{R} / p > 11\}$ **253.** $S = \{m \in \mathbb{R} / -2 < m < -1\}$

Teste de Vestibular

T1.B T2.D T3.D T4. B T5. E T6. D T7. C T8. A T9. B T10. B T11.A T12. A T13. A T14. E T15.B

T16.A T17. A T18.C T19.B T20. B T21. A T22. D T23. A T24. A T25. D T26.E T27. A T28. C T29. C T30.A

T31.C T32. A T33.E T34. C T35. C T36. B T37. E T38. C T39. C T40.A T41.E T42. C T43. C T44.B T45.D

T46.C T47. E T48. A T49. B T50. C T51. B T52. C T53. D T54. B T55. C T56. E T57.A T58. B T59.E T60.A

T61.E T62.B

Questões de Vestibular

Q1. $S = \{-4, 4\}$ **Q2.** $S = \{1\}$ **Q3.** $S = \{\frac{5}{4}\}$ **Q4.** $S = \{-1, 0, 1\}$ **Q5.** $S = \emptyset$ **Q6.** $S = \{-4, 0, 4\}$

Q7. $S = \{(x, y) = (-4, -3) \text{ ou } (4, 3) \text{ ou } (-3, -4) \text{ ou } (3, 4)\}$ **Q8.** $S = \{(x, y) = (3, 4) \text{ ou } (4, 3)\}$

Q9. a) $(4, 0)$ e $(-2, 0)$ b) $S = \{m \in \mathbb{R} / 0 < m < 16\}$ **Q10.** a) $g(x) = x^2 - 10x + 24$

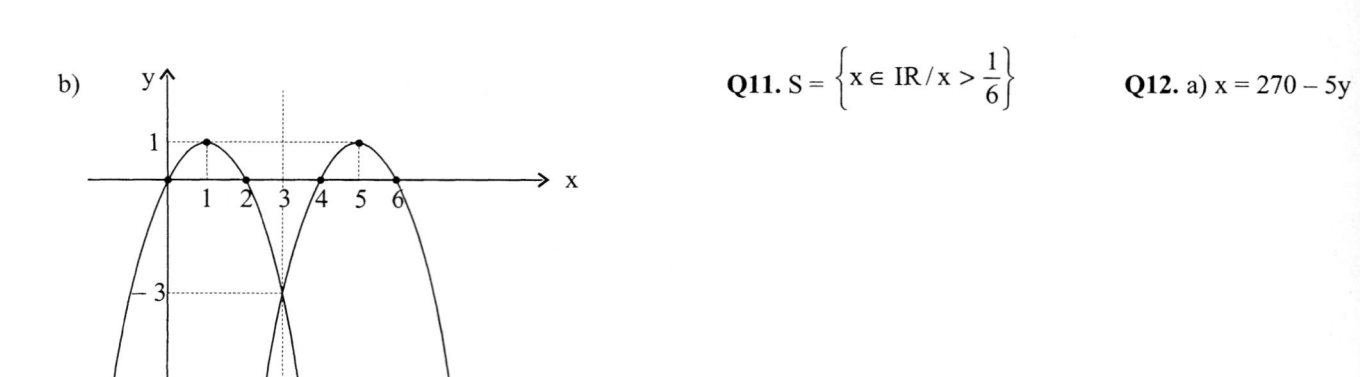

Q11. $S = \{x \in \mathbb{R} / x > \frac{1}{6}\}$ **Q12.** a) $x = 270 - 5y$

b) [gráfico das funções $f(x)$ e $g(x)$ com raízes em 1, 3, 3, 5 e ponto -3]

b) R$ 135,00   **Q13.** $(a, b, c) = (0, 1, 0)$ **Q14.** a) $y = \frac{2x}{3x - 2}$ b) $y = \sqrt[5]{\frac{x}{10}} - 1$

Q15. se $m = -8$ $\qquad\qquad\qquad\qquad$ se $m = 4$
$\quad\quad\;\; y = x^2 - 8x + 16$ $\qquad\qquad\; y = x^2 + 4x + 4$

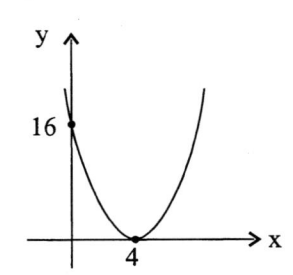

(gráfico: parábola com vértice em $x=4$ e intercepto $y=16$) $\qquad$ *(gráfico: parábola com vértice em $x=-2$ e intercepto $y=4$)*

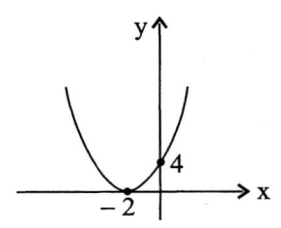

Q16. 50 unidades $\qquad$ **Q17.** a) $L_{máx} = 220$ $\quad$ b) $S = \{x \in \mathbb{N} \,/\, 10 < x < 20\}$ $\qquad$ **Q18.** a) $t = 1$ segundo $\quad$ b) $h_{máx} = \dfrac{3}{4}$ m

Q19. a) $S(x) = -x^2 + 5x$ $\quad$ b) $x_V = \dfrac{5}{2}$ cm $\qquad$ **Q20.** $S = \{x \in \mathbb{N} \,/\, 20 < x < 25\}$

Bibliografia

ARANHA, Álvaro Zimmermann, RODRIGUES, Manoel Benedito.
  Exercícios de Matemática. vol.1. 2ª ed. São Paulo. Editora Policarpo, 1994.

ARANHA, Álvaro Zimmermann. et alli. *Matemática nos Vestibulares* 1994 - 1995 -1996. 2º ed. São Paulo: Editora Policarpo, 2001.

_____, *Matemática nos Vestibulares*.vol.2. 2º ed. São Paulo: Editora Policarpo, 2002.

_____, *Matemática nos Vestibulares*. vol.3. São Paulo: Editora Policarpo, 2003.

BALDOR, Aurelio. *Algebra*. 10ª ed. México: Publicaciones Cultural, 1993.

BEZERRA, Roberto Zaremba, DRAGO, Silvio. *A matemática no vestibular* - 1200 testes de múltipla escolha. Rio de Janeiro: Ed. Americana, 1973.

CASTRUCCI, Benedito, et alli. *Matemática 1º grau*. 8º série. São Paulo: Editora FTD S.A.

CATTONY, Carlos. *Matemática: álgebra e geometria 1º grau* - 7ª série. São Paulo: Ibrasa, 1979.

CATTONY, Carlos. *Matemática: álgebra e geometria 1º grau* - 8ª série. São Paulo: Ibrasa, 1979.

HANKIN, J.M. , *Mathematic for G CSE*. 3ª ed. London: Stanley Thornes Ltda, 1991.

IEZZI, Gelson, MURAKAMI, Carlos. Fundamentos de Matemática Elementar. 7º ed. São Paulo : Atual Editora, 1997.

IEZZI, Gelson. et alli. *Testes de vestibular matemática*. vol.1. São Paulo: Editora Atual, 1992.

IEZZI, Gelson. et alli. *Tópicos de Matemática 1*. 2ª ed. São Paulo: Atual Editora Ltda, 1981.

LIAL, Margaret L. et alli. *Beggining Algebra*. 7ª ed. New York: Harper Collins Publishers, 1996.

_____, Intermediate Algebra. 7ª ed. New York: Harper Collins Publishers, 1996.

MACHADO, Aro Augusto Simão. *Álgebra só testes*. São Paulo: Editora H.F. Ltda, 1970.

RODRIGUES, Eduardo Celestino. *1700 exercícios de Álgebra*, São Paulo, 1940.

SCHONS, N.J. *Exercices d'Algébre* .9ª ed. Namur, 1977.

Impressão e Acabamento
Bartira
Gráfica
(011) 4393-2911